AF608686

Vittorio Hösles prägnanter Essay bietet den seit über hundert Jahren ausführlichsten Vergleich der beiden wichtigsten philosophischen Dichtungen des Christentums, Dantes *Commedia* und Goethes *Faust* (mit gelegentlichen Querverweisen auf Milton's *Paradise Lost*). Fragt man den ebenso belesenen wie originellen Autor, warum er zwei Werke miteinander vergleicht, deren Entstehungszeiten ein halbes Jahrtausend auseinander liegen, erhält man Folgendes zur Antwort: Es sei die Balance zwischen umfassender Philosophie und poetischer Vollkommenheit, die diese zwei Werke charakterisiere und sie vor anderen großen Werken der europäischen Literatur auszeichne. Diese poetisch-philosophische Balance, die beiden Kunstwerken gemeinsam ist, lädt zu allgemeinen Fragen ein wie: Was sind die Kriterien vollkommener Dichtung? Wie ist es möglich, philosophische Ideen poetisch auszudrücken? Hinsichtlich der Hervorbringung dieser beiden Werke können wir fragen: Inwiefern hat der religiöse Hintergrund zur Schaffung solcher Werke beigetragen? Weisen die Biographien beider Dichter gemeinsame Züge auf, die sie zu ihren großen Werken befähigten? Was geschah in der europäischen Geistesgeschichte, und zwar in der religiösen Entwicklung, in der Schöpfung neuer philosophischer Ideen sowie in der Produktion neuer literarischer Formen, das die Unterschiede zwischen den Werken Dantes und Goethes zu erklären vermag?

*Vittorio Hösle* wurde 1960 in Mailand geboren und studierte Philosophie, Wissenschaftsgeschichte, Gräzistik und Indologie an den Universitäten Regensburg, Tübingen, Bochum und Freiburg. Nach Promotion (1982) und Habilitation (1986) in Tübingen im Fach Philosophie war er Professor an der New School for Social Research in New York, in Essen, Hannover und seit 1999 an der University of Notre Dame für deutsche Literatur, Philosophie und Politikwissenschaft. Einschlägige Werke sind: *Die Vollendung der Tragödie im Spätwerk des Sophokles*, 1984; *Woody Allen. Versuch über das Komische*, 2001; *Die Rangordnung der drei griechischen Tragiker*, 2009; *Eine kurze Geschichte der deutschen Philosophie*, 2013; *Zur Geschichte der Ästhetik und Poetik*, 2013.

Vittorio Hösle

# Dantes *Commedia* und Goethes *Faust*

## Ein Vergleich der beiden wichtigsten philosophischen Dichtungen Europas

Schwabe Verlag Basel

Schwabe reflexe 35

Lektorat: Angela Zoller, Schwabe
Umschlaggestaltung: Heike Ossenkop, h.o.pinxit //editorial design, Basel
Gesamtherstellung: Schwabe AG, Muttenz/Basel, Schweiz
Printed in Switzerland
ISBN Printausgabe 978-3-7965-3318-1
ISBN eBook (PDF) 978-3-7965-3319-8

rights@schwabe.ch
www.schwabeverlag.ch

*Für Jieon, die meine Liebe zu Dante wieder entfachte
und mich lehrte, ihn zu studieren*

# Inhalt

Dank ........ 9

Vorwort ........ 11

Enzyklopädischer Ehrgeiz ........ 17

Natur und Wissenschaft ........ 31

Geschichte und Politik ........ 41

Philosophie und Religion ........ 53

Faust und der Pilger Dante ........ 65

# Dank

Ich danke meinem Freund und Kollegen Ted Cachey, meinem Studenten Stephen Little, meinem Vater Johannes Hösle und besonders meiner Frau Jieon Kim für kritische Anmerkungen, die dieses Buch verbessert haben. Es handelt sich um die stark erweiterte deutsche Fassung meines Textes: *Dante's Commedia and Goethe's Faust. Similarities and Differences* (in: *The European Image of God and Man. A Contribution to the Debate on Human Rights*, hg. von H.-Ch. Günther und A.A. Robiglio, Brill, Leiden, New York 2010, 313–344), der genau hundert Jahre nach Santayanas Buch erschien. Der deutsche Text wurde von Eva-Maria Konrad und Angela Zoller durchgesehen.

Der Einbezug Miltons in diese Fassung wurde angeregt durch Fragen Günter Zöllers und zumal Jan Rohls', nach dem Vortrag des Textes auf der von Thomas Buchheim und Jörg Noller organisierten Tagung «Deutsch-italienische Wechselwirkungen in der Philosophie der Moderne» im August 2013 in München. Rohls verdanken wir neben seinen großartigen theologiegeschichtlichen Studien die witzige Faustparodie: Des Theologen Faust, J.B.C. Mohr (Paul Siebeck) Tübingen, 1989.

# Vorwort

Vor rund hundert Jahren, 1910, veröffentlichte der englischsprachige spanische Philosoph und Schriftsteller George Santayana bei Harvard University Press ein Buch mit dem Titel *Three Philosophical Poets. Lucretius, Dante, Goethe*. Es enthält sechs Vorträge, die er im selben Jahr an der Columbia University und an der University of Wisconsin hielt und die wiederum auf einem mehrere Jahre lang von ihm in Harvard unterrichteten Seminar fußten. Im Vorwort entschuldigt er sein Unternehmen:

> I am no specialist in the study of Lucretius; I am not a Dante scholar nor a Goethe scholar. I can report no facts and propose no hypotheses about these men which are not at hand in their familiar works, or in well-known commentaries about them. My excuse for writing about them, notwithstanding, is merely the human excuse which every new poet has for writing about the spring.[1]

Ich selbst bedarf noch viel eher einer Entschuldigung als Santayana, denn erstens bin ich noch viel weniger ein Danteexperte als er es war; zweitens wurden im letzten Jahrhundert weitaus mehr erstklassige Werke über die beiden Dichter verfasst, als zu Santayanas Zeiten existierten; und drittens fehlen mir die poetischen Fähigkeiten, die Santayana auszeichneten. Ich unternehme trotz alledem diesen Vergleich, weil ich es als ein Problem des akademischen Systems unserer Zeit erachte, dass wir uns aus der legitimen Furcht vor Dilettantismus heraus immer engmaschiger spezialisieren und damit der Aufgabe aus dem Wege gehen, jene Fragen zu diskutieren, die den engen Gesichtskreis unseres spezialistischen Zugangs übersteigen. Aber diese Fragen sind legitim, ja sogar unerlässlich für unsere Existenz als Menschen. In der Tat sind sie oft sogar nötig, um spezialistische Forschung zu inspirieren: Denn es ist nicht

1 Vgl. G. Santayana: *Three Philosophical Poets: Lucretius, Dante, and Goethe*, Harvard University Press, Cambridge Mass. 1922, v. Ein späterer und viel kürzerer Vergleich wurde von E. Guidorizzi vorgelegt: *Goethe e Dante*, in: *Lettere Italiane* 42 (1990) 414–429.

nur Quellenkenntnis, sondern auch die Fähigkeit, neue Kategorien zu bilden, die die Arbeit der Geisteswissenschaften voranbringt.

Eine solche umfassende Frage lautet: Was ist der *Commedia* und dem *Faust* gemeinsam, und was unterscheidet die beiden Werke? Es besteht kein Zweifel, dass die beiden Werke zu einem Vergleich einladen.[2] Trotz des halben Jahrtausends, das sie trennt, können

2 Ich zitiere Dante nach folgender Ausgabe: Dante Alighieri: *Tutte le opere*, introduzione di Italo Borzi, Newton Compton, Rom 2007; und Goethe nach: *Goethes Werke. Hamburger Ausgabe in 14 Bänden*, hg. von Erich Trunz, Beck, München 1981; auf die Sigle HA folgt die römische Band- und die arabische Seitenzahl. Ich zitiere zunächst immer in der Originalsprache, denn, wie Dante im *Convivio* schreibt (I 7): «E però sappia ciascuno che nulla cosa per legame musaico armonizzata si può de la sua loquela in altra transmutare, sanza rompere tutta sua dolcezza e armonia.» («Und diesbezüglich wisse jeder, daß man kein durch musikalische Bindung harmonisiertes Werk aus seiner Sprache in eine andere übertragen kann, ohne seine ganze Süße und Harmonie zu zerstören.») Die deutsche Übertragung des *Convivio*, die ich zitiere, ist die von Thomas Ricklin: Dante Alighieri, *Das Gastmahl*, Italienisch-Deutsch, 4 Bde., Meiner, Hamburg 1996–2004. Bei der *Commedia* benutze ich die reimlose, aber wörtliche Übersetzung von Hermann Gmelin: Dante Alighieri, *Die Göttliche Komödie*, Reclam, Stuttgart, 1980, die ich einmal korrigiert habe, bei der *Vita nuova* diejenige von Sophie Hildebrandt: Dante, *Neues Leben*, Böhlau Verlag, Köln, Graz 1957. – Goethe war natürlich mit der *Commedia* vertraut und verfasste 1826 sogar einen kurzen Aufsatz über sie, angeregt durch Karl Streckfuß' deutsche Übersetzung (der Aufsatz wurde erst postum veröffentlicht [HA XII 339–342]). Wahrscheinlich im Zusammenhang mit diesem erneuerten Studium Dantes schrieb Goethe 1826 ein Gedicht in *terza rima* «Im ernsten Beinhaus war's ...» (HA I 366f.). Der Aufsatz zeigt jedoch geringe Sympathie für Dante, wie auch die Bemerkungen in den *Tag- und Jahresheften* des Jahres 1821, in denen Goethe Tassos Anmut und Ariosts Gewandtheit mit Dantes widerwärtiger, oft abscheulicher Großheit kontrastiert; daher können wir nicht sicher sein, dass Goethe das ganze Werk gelesen hat, zumal er fast ausschließlich aus dem *Inferno* zitiert (siehe W. Th. Elwert, *Goethe, Johann Wolfgang von*, in: *Enciclopedia Dantesca*, hg. von U. Bosco, 6 Bde., Istituto dell'Enciclopedia Italiana, Rom 1970–1976, III 245f.). Schon 1787 hatte Goethe in Rom Diskussionen mit Italienern über Dante, in denen ihm bedeutet wurde, als Ausländer könne er den großen italienischen Dichter nie verstehen, worauf Goethe verärgert erklärte, er habe in der Tat das *Inferno* abscheulich, das *Purgatorio* zweideutig und das *Paradiso* langweilig gefunden (HA XI 380f.; dagegen ist die Erwähnung HA XI 481 positiv). Wenn Goethe in *Dichtung und Wahrheit* die Figuren seiner eigenen Zeichnungen mit

sie als die beiden bedeutendsten philosophischen Dichtungen der europäischen Literatur betrachtet werden. Nicht nur sind sie die umfassendsten literarischen Leistungen ihrer jeweiligen Nationalliteraturen, eine Eigenschaft, die sie mit anderen großen Werken wie Camões' *Os Lusiadas* oder Miguel de Cervantes' *Don Quixote* teilen (während andere Nationalliteraturen wie die französische keinen offenkundigen ‹ersten Dichter› oder, wenn sie ihn wie die englische Literatur in Shakespeare besitzen, wenigstens nicht ein unmittelbar erkennbares einzelnes Hauptwerk haben). Aber auch wenn das portugiesische Epos und der spanische Roman die größten Erzeugnisse ihrer Literaturen sind, artikulieren sie doch keine philosophische Weltanschauung, wie es sowohl die *Commedia* als auch der *Faust* auf sehr unterschiedliche Weise tun. Obgleich sie dies tun, sind diese Werke freilich keine Lehrgedichte, wie zum Beispiel Lukrez' *De rerum natura* (das Dante noch nicht bekannt war, weil es erst 1417 von Poggio Bracciolini wiederentdeckt wurde) oder Alexander Popes *Essay on Man*. Ihre herausragende Stellung er-

den keinen Schatten werfenden Figuren des *Purgatorio* vergleicht, ist das selbstkritisch gemeint, denn er sagt von sich, er habe der plastischen Kraft ermangelt (HA X 173). Dante wird auch in den *Maximen und Reflexionen* erwähnt (HA XII 501), offenkundig in Anspielung auf *Inferno* XXV. – Goethes Schwierigkeiten mit der mittelalterlichen Literatur, einschließlich der mittelhochdeutschen, sind wohlbekannt. Dennoch erstaunt seine Kritik an Dante, denn dessen Größe wurde von deutschen Literaturkritikern und Philosophen wie Friedrich Schlegel im *Gespräch über die Poesie* und von Schelling im Essay *Über Dante in philosophischer Beziehung* zu Lebzeiten von Goethe gerade entdeckt, in Italien freilich schon früher von Vico, und zwar im Brief vom 26.12.1725 an Gherardo degli Angioli sowie in dem erst 1818 publizierten Vorwort zu einem Dantekommentar (vermutlich demjenigen von Pompeo Venturi) von 1728/29. – Auch wenn ich auf viele Analogien zwischen den beiden Werken verweisen werde, werde ich doch die Frage offen lassen, ob Goethe von Dante direkt beeinflusst war oder ob gemeinsame Quellen, Zwischenfiguren wie Milton (dessen *Paradise Lost* Goethe 1799 las und der selbst stark von Dante beeinflußt war) oder schließlich objektive Züge der Wirklichkeit die Ähnlichkeiten erklären. Mein Vergleich setzt keineswegs ein gründliches Dante-Studium Goethes voraus. Zu den verschiedenen Funktionen des Vergleichs siehe meinen Aufsatz: *Über den Vergleich von Texten. Philosophische Reflexionen zu der grundlegenden Operation der literaturwissenschaftlichen Komparatistik*, in: *Orbis litterarum* 63 (2008) 381–402.

gibt sich daraus, dass sie dank ihrer poetischen Gewalt auch Menschen ansprechen, die nicht philosophisch gebildet, ja nicht einmal an einem abstrakten theoretischen Zugang zur Welt interessiert sind.[3] Es ist diese Balance zwischen einer umfassenden Philosophie und poetischer Vollkommenheit, die diese zwei Werke charakterisiert und sie vor anderen großen Werken der europäischen Literatur auszeichnet.[4] Platons Dialoge erzielen eine vergleichbare Balance, aber ihr Brennpunkt ist die Philosophie, und sie sind nicht in Versen abgefasst.

Diese poetisch-philosophische Balance, die beiden Kunstwerken *gemeinsam* ist, lädt zu allgemeinen Fragen ein wie: Was sind die Kriterien vollkommener Dichtung? Wie ist es möglich, philosophische Ideen poetisch auszudrücken? Hinsichtlich der Hervorbringung dieser beiden Werke können wir fragen: Inwiefern hat der religiöse Hintergrund zur Schaffung solcher Werke beigetragen? Weisen die Biographien beider Dichter gemeinsame Züge auf, die sie befähigten, das zu schreiben, was sie verfasst haben? Und hinsichtlich der Rezeption dieser Werke, die hier nicht thematisch ist, mag man der Frage nachgehen, ob die spätere philosophische Entwicklung durch diese Meisterwerke auf analoge Weise beeinflusst worden ist.

Die auffallenden *Unterschiede* zwischen den beiden Werken provozieren wiederum eine Reihe komplementärer Fragen: Was geschah in der europäischen Geistesgeschichte, und zwar in der religiösen Entwicklung, in der Schöpfung neuer philosophischer

3 Wenigstens gilt dies vom *Inferno*; die beiden späteren Cantiche der *Commedia* haben eher Züge eines Lehrgedichtes und sind daher schwerer zugänglich.

4 Jeder Versuch, in Dante (oder Goethe) zwischen Dichtung und Struktur zu unterscheiden, wie ihn B. Croce: *La poesia di Dante*, Laterza, Bari 1921, unternommen hat, ist dazu verdammt, die wirkliche Leistung dieser Werke zu verfehlen. Siehe die Kritik an Croce von N. Sapegno: *Genesis and Structure: Two Approaches to the Poetry of the ‹Comedy›*, in: *The Mind of Dante*, hg. von U. Limentani, Cambridge University Press, Cambridge 1965, 1–16. Sapegno freilich bekennt sich zum Historismus und verwechselt Genese und Geltung. Dante sah sich selbst offenbar als Dichter *und* philosophischen Theologen, und die organische Verbindung beider war das, worauf er stolz war. Vgl. *Dante's* Commedia: *Theology as Poetry*, hg. von V. Montemaggi und M. Treherne, University of Notre Dame Press, Notre Dame, 2010.

Ideen sowie in der Produktion neuer literarischer Formen, das die Unterschiede zwischen den Werken Dantes und Goethes zu erklären vermag? Man ist versucht zu sagen, dass das italienische und das deutsche Meisterwerk gleichsam die zwei Endpunkte der größten Ära der Kreativität des christlichen Europa ausmachen. Denn Italien war das erste europäische Land, das schon im 14. Jahrhundert fähig war, kulturelle Standards von solcher Komplexität und Subtilität zu entwickeln, dass sie für den Rest Europas vorbildlich wurden. Im 16. Jahrhundert fiel die politische Hegemonie im kontinentalen Europa an Spanien, das seine größte Literatur zu Beginn des 17. Jahrhunderts hervorbrachte. Dieses Jahrhundert sah später Spaniens Niedergang und den Übergang der kulturellen und politischen Vormachtstellung an Frankreich. Viel später als im Fall der atlantischen Nationen England, Spanien und Portugal fand Deutschland seinen höchsten kulturellen Ausdruck erst im Laufe des 18. und frühen 19. Jahrhundert.[5] Daher verdankt das deutsche Meisterwerk das, was es intellektuell ‹fortgeschrittener› macht als die *Commedia*, nämlich dass es eine spätere und komplexere Philosophie widerspiegelt, paradoxerweise der Tatsache, dass die deutsche Kultur sich viel langsamer entwickelt hatte als die anderen europäischen Kulturen.

Zwischen Italiens und Deutschlands Aufstieg liegt der Englands, und da thematisch John Milton's *Paradise Lost* den beiden hier in Rede stehenden Dichtungen wesensverwandt ist und sein (in der Christologie durchaus heterodoxer oder, besser, kreativer) Puritanismus eine Zwischenstellung einnimmt zwischen dem Katholizismus Dantes und dem nachaufklärerischen Luthertum Goethes, das durch Lessing, Winckelmann und Herder geprägt ist, werde ich gelegentlich dieses Werk streifen.[6] Dass ich nicht ausführlich darauf

5 Die letzte große europäische Kultur – *wenn* sie denn zu Europa gehört –, die (und zwar erst im Lauf des 19. Jahrhunderts) Literatur hervorbringt, die ‹Weltliteratur› zu heißen verdient, wird Russland sein.

6 Ich zitiere folgende Ausgabe, die die Orthographie behutsam modernisiert hat: John Milton, *Paradise Lost and Paradise Regained*, hg. von Christopher Ricks, Signet Classic, New York 1982. Die Ausgabe bietet den von mir stets zugrunde gelegten Text der zweiten Auflage von 1674 (wenn auch mit den Varianten der ersten von 1667). Miltons theologisches Werk beziehe ich nicht in meine Überlegungen ein.

eingehe, hängt nicht nur mit der Tatsache zusammen, dass ich noch weniger ein Milton- als ein Danteforscher bin; bei aller Anerkennung von Miltons Platz in der Geschichte der Theologie und des politischen Denkens (Locke wäre ohne Miltons Protoliberalismus nicht möglich gewesen) und bei aller Bewunderung für sein episches Hauptwerk kann ich es nicht für der *Commedia* und dem *Faust* gleichrangig halten. Anders als Shakespeares Œuvre vermag es nicht mit der sprachlichen Vielfalt Dantes und Goethes zu konkurrieren; und seine Konzentration auf gefallene Engel ist der Entfaltung der anthropologischen und historischen Fülle abträglich, die Dante, Shakespeare und Goethe auszeichnet. Wenn man von der abschließenden Vision beziehungsweise dem Bericht Michaels in Buch XI und XII absieht, stellt das Werk ja nur zwei Menschen, Adam und Eva, vor. Komplexere Dynamiken können sich da nicht entwickeln, auch wenn vieles aus der Engelspsychologie der menschlichen entnommen ist, da ja Miltons Engel sich ernähren und fortpflanzen, kämpfen und, sofern gefallen, auch Schmerzen empfinden (VI 327 und 404f.). Gleichzeitig haben sie und ihr unnatürlicher Stolz auf Kants Revolutionierung der Lehre vom Menschen Einfluss ausgeübt.

Im Folgenden werde ich sowohl die gemeinsamen Züge der beiden Werke als auch ihre Unterschiede behandeln, und gelegentlich will ich auch auf deren Ursachen eingehen. Selbstredend strebt dieser Vergleich nicht im Mindesten an, erschöpfend zu sein; selbst Detailinterpretationen einzelner Stellen sind nicht beabsichtigt. Ich kann nicht mehr als einige Prolegomena und allgemeine Reflexionen anbieten, die hoffentlich jemand anderer durch genauere Analysen in einem viel längeren Werk ausarbeiten wird. Ich möchte mich auf die folgenden Dimensionen der Werke konzentrieren: erstens deren enzyklopädische Natur, zweitens deren Begriff von Natur und Wissenschaft, drittens deren Interpretation der Geschichte und Politik, viertens die zugrundeliegenden philosophisch-religiösen Vorstellungen und fünftens das Wesen der jeweiligen Helden, des Pilgers Dante und Fausts.

## Enzyklopädischer Ehrgeiz

Sowohl die *Commedia* als auch der *Faust* sind, was man *enzyklopädische* Werke nennen kann. Das bedeutet, dass es sich um sehr lange Werke handelt. Die *Commedia* hat 14 233, der *Faust* 12 111 Verse (und zusätzlich eine Prosaszene: «Trüber Tag. Feld»). Doch trotz des vergleichbaren Umfanges gehören sie zu zwei unterschiedlichen Genres, denn jene ist, trotz des auf das gute Ende anspielenden Titels, am ehesten noch ein Epos in drei, dieser ein Drama[7] in zwei Teilen – freilich von solcher Länge, dass es vollständig nur an mehreren Abenden aufgeführt werden kann. Das gibt diesem sehr untypischen Drama eine epische Qualität ebenso wie die Tatsache, dass es immer wieder die Illusion durchbricht und sich Mephistopheles an die Zuschauer ebenso direkt wendet[8] wie der Dichter Dante an seine Leser, dieser freilich mit ganz anderer Autorität.[9] Umgekehrt verleihen die zahlreichen Gespräche innerhalb der *Commedia* dieser die Züge teils eines Dramas, teils, zumal in den zwei letzten Cantiche, eines philosophischen Dialoges: Ohne Zweifel ist Boethius' *Consolatio philosophiae* eines der wichtigsten Vorbilder Dantes gewesen. So verhält sich etwa Beatrice ähnlich zu Dante wie die personifizierte Philosophie zu Boethius. Angesichts der Inhalte vieler dieser Gespräche fühlt sich der Leser immer wieder an ein Lehrgedicht erinnert. Doch der individuelle Charakter seines Helden würde uns zur Charakterisierung als Epos zurückführen, wenn sich

7 Goethe nennt den *Faust* «Tragödie», doch wegen Fausts letztlicher Erlösung, die vom Vorbild, der *Historia von D. Johann Fausten*, so stark abweicht, hätte Dante das Werk als «Komödie» bezeichnet (vgl. *Brief an Cangrande della Scala* 31). Am sinnvollsten kategorisiert man es als Versöhnungsdrama, wenn man im Anschluss an Hegel eine triadische Dramentypologie befürwortet – wie sie gegenwärtig etwa Mark Roche, *Tragedy and Comedy*, State University of New York Press, Albany, NY 1998 verteidigt. Der Kritiker ist zumindest dann nicht an die Selbstinterpretation eines Dichters gebunden, wenn dessen Kategoriensystem gegenüber später entwickelten defizitär ist.

8 Vgl. V. 6772f., 6815ff., 7003f., 9578ff., 10210f., 10327ff., 11286f.

9 *Inf.* VIII 94ff., IX 61ff., XVI 127ff., XX 19ff., XXII 118, XXV 46ff., XXXIV 22ff.; *Purg.* VIII 19ff., IX 70ff., X 106ff., XVII 1ff., XXIX 97ff., XXXI 124ff., XXXIII 136ff.; *Par.* II 1ff., V 109ff., X 7ff., XXII 106ff.

nicht die *Commedia* von allen epischen Vorgängern durch den eigenwilligen Zug unterschiede, dass der Held und der Dichter dieselbe Person sind, wenn auch auf unterschiedlichen Entwicklungsstufen befindlich. Man könnte von einem fiktiv-autobiographischen Epos sprechen; freilich beharrt Dante darauf, die Wahrheit zu erzählen (etwa *Inf.* XVI 124ff.) – was nicht einfach damit abgetan werden kann, auch der Wahrheitsanspruch sei, da innerhalb der Fiktion vorgetragen, eingeklammert, sondern aufgrund von Dantes Wahrheitsbegriff, der von unserem positivistischen Begriff faktischen Zutreffens abweicht, ernst genommen werden will.[10] Dante ist auf jeden Fall Erbe des von Augustinus geschaffenen, in seiner Genese wesentlich christlichen Genres der Autobiographie, das auch in Boethius' letztem Werk nachwirkt, das gerade durch die Identität von Autor und Held so stark von Platons *Phaidon* abweicht. Das macht sein Werk genremäßig so viel origineller als Miltons *Paradise Lost*, das Epos und Lehrgedicht vereint (mit dem Schwerpunkt auf dem Epos, während dieser sich in *Paradise Regained* auf das Lehrgedicht verlagert).

Der große, die Genregrenzen sprengende Umfang ist nicht Selbstzweck; er ergibt sich vielmehr notwendig aus dem Wunsch, so viel Wissen der eigenen Zeit als nur irgend mit dem Wesen eines Kunstwerks vereinbar, abzudecken. Es gibt einige andere literarische Werke mit enzyklopädischem Ehrgeiz, wie zum Beispiel das viel längere *Mahābhārata*. Dieses wurde freilich nicht von einer einzelnen Person verfasst, und man mag seine Zweifel daran haben, ob darin die künstlerische Einheit gewahrt ist.[11] Sicherlich gibt es

10 Es ist natürlich kein Zufall, dass Dantes dichterischer Wahrheitsanspruch unmittelbar vor dem Auftreten Geryons, der Allegorie der Falschheit, erhoben wird. Dante will die Fiktionalität seiner Dichtung, die das Erfassen letzter Wahrheiten ermöglicht, dem eigentlichen Trug entgegensetzen, der nicht als fiktional erkennbar ist, dadurch andere täuscht und dessen Urheber um das Seelenheil bringt. Man kontrastiere die abweichende Interpretation bei Th. Cachey, *Dante's Journey Between Fiction and Truth: Geryon Revisited*, in: *Dante. Da Firenze all'aldilà*, hg. von F. Cesati, Firenze 2001, 75–92.

11 Die homerischen Epen sind enzyklopädisch und bewahren gleichzeitig die organische Einheit von Kunstwerken, weswegen an einem einzelnen Dichter der *Ilias* bzw. der *Odyssee* nicht zu zweifeln ist, auch wenn er beziehungsweise – wahrscheinlicher – sie beide auf Jahrhunderten vorangegangener mündli-

nicht viele enzyklopädische Dichtungen und dies aus dem einfachen Grund, dass Dichter mit den für ein solches Unternehmen erforderlichen Fähigkeiten außerordentlich selten sind: Sie benötigen erstens das Vermögen, nahezu alles Wissen ihrer Zeit zu überblicken und sich große Mengen abstrakten begrifflichen Wissens anzueignen. Zusätzlich bedürfen sie zweitens der Fähigkeit, das begriffene Material zu einer Einheit zu gestalten; denn große Kunstwerke sind nicht kumulativ, sondern in ihrem Wesen organisch. Das enzyklopädische Streben nach Breite und die poetische Notwendigkeit, das Material zu kondensieren und zu verknüpfen, weisen in zwei verschiedene Richtungen.[12] Da beide Fähigkeiten je für sich nicht häufig sind, kann man sich leicht vorstellen, wie selten ihre Vereinigung sein muss. Gemeinsam ist beiden Werken ferner, dass enzyklopädische Bildung nicht nur ihre Dichter, sondern auch ihre Helden, Faust und – im Laufe des Werkes zunehmend – auch den Pilger Dante auszeichnet, bei dem wir, aufgrund der Momente der *Commedia*, die sie als dialogisches Lehrgedicht charakterisieren, den Prozess des Lernens gleichsam mitverfolgen können.

Die enzyklopädische Natur der Dichtungen bedeutet, dass sie so viel Material wie nur möglich integrieren – sie handeln beide von Natur und Wissenschaft, einer enormen Vielfalt menschlicher Vermögen und Leidenschaften, von Politik, Geographie, Geschichte und der Welt der Kunst und Religion. Gleichzeitig sind die Werke nicht einfache Beschreibungen der Welt, sondern setzen sie in Beziehung zu ihrem göttlichen Ursprung, das sich freilich selbst in der Welt manifestiert.

> Vedi l'eccelso omai, e la larghezza
> dell'eterno valor, poscia che tanti
> speculi fatti s'ha, in che si spezza,
> uno manendo in sé, come davanti.

cher Dichtung aufbauen. Aber es handelt sich um Enzyklopädien eines vorwissenschaftlichen und vorphilosophischen Zeitalters.

12 Das bedeutet nicht, dass sie unvereinbar sind. Aber Santayana übertreibt, wenn er schreibt: «Poetry, then, is not poetical for being short-winded or incidental, but, on the contrary, for being comprehensive and having range» (op. cit., 20).

Sieh die Erhabenheit nun und die Weite
Der ewigen Kraft, da sie sich soviel Spiegel
Geschaffen hat, in denen sie gebrochen,
Und dennoch eine bleibt wie sie gewesen. (*Par.* XXIX 142ff.)[13]

«Alles Vergängliche ist nur ein Gleichnis; / Das Unzulängliche / Hier wird's Ereignis» (*Faust*, V. 12104ff.). Wenn Gott in den Spiegeln gegenwärtig ist, die ihn reflektieren, wenn alles Vergängliche etwas anderes symbolisiert, das selbst nicht mehr vergänglich ist, haben die realen Ereignisse eine symbolische oder allegorische Bedeutung. Ich kann hier diese komplexen Begriffe nicht wirklich klären. Es genüge zu sagen, dass jede große Dichtung, und damit sicherlich unsere beiden Werke, sowohl einen kruden Realismus vermeidet, der das, was passiert, absolut setzt, als auch einem Allegorismus zu entgehen weiß, der konkrete literarische Gestalten missbraucht, um eine abstrakte Idee hervorzuheben, und daher die wörtliche Bedeutung des Geschehenen lediglich instrumentalisiert. Der Zauber großer Kunst besteht in deren Fähigkeit, auf etwas Allgemeines zu verweisen, während gleichzeitig eine innerlich plausible konkrete Geschichte erzählt wird.[14] Sowohl der Pilger Dante als auch Faust wandeln auf einem je eigenen Lebenspfad, der

13 Milton konzipiert die Schöpfung weniger panentheistisch als Dante und Goethe. Bei ihm entspricht die Welt Gottes «great idea» (VII 557).

14 Siehe den klassischen Aufsatz von E. Auerbach, *Figura*, in: *Neue Dantestudien*, Horoz, Istanbul 1944, 11–71, besonders 65: «So ist Vergil in der Komödie zwar der geschichtliche Vergil selbst, aber er ist es auch wieder nicht mehr; denn der geschichtliche ist nur *figura* der erfüllten Wahrheit, die das Gedicht offenbart.» Vgl. auch R. Hollander: *Allegory in Dante's Commedia*, Princeton University Press, Princeton, NJ 1969. Dante selbst verlangt eine allegorische, und nicht nur eine wörtliche, Lektüre seiner Canzoni im *Convivio* – und der *Commedia* im *Brief an Cangrande*, wenn letzterer denn tatsächlich von ihm stammt. Siehe über die umstrittene Frage der Authentizität dieses Textes die Zweifel von Z. G. Barański: *Dante and Medieval Poetics*, in: *Dante. Contemporary Perspectives*, hg. von A. A. Iannucci, Toronto University Press, Toronto u.a. 1997, 3–22, 15ff. Doch ist seit Luca Azzetta, *Le chiose alla ‹Commedia› di Andrea Lancia*, L'Epistola a Cangrande *e altre questioni dantesche*, in: L'Alighieri 21 (2003) 5–76 die Wahrscheinlichkeit der Echtheit bedeutend gestiegen. – Zu Goethes Symbolismus siehe W. Emrich: *Die Symbolik von Faust II. Sinn und Vorformen*, Athenäum, Frankfurt a.M., Bonn [3]1964.

jedoch die Möglichkeiten der Menschheit im Allgemeinen symbolisiert, und doch ist keiner von beiden ein Jedermann: Schon der zweite Vers der *Commedia* biegt von dem «nostra» (unsrer) des ersten Verses zur ersten Person Singular, zu Dantes eigenem Selbst ab. Mephistopheles repräsentiert «das Böse», aber er ist gleichzeitig ein außerordentlich überzeugender und kohärenter Charakter. (Das gilt auch für Miltons Satan, doch weniger für die ihm untergeordneten, gefallenen Engel wie Moloch und Belial sowie für die treu gebliebenen Engel Abdiel, Raphael und Michael und ganz und gar nicht für Gott und Messiah.) Beatrice steht für Theologie und Philosophie, aber es handelt sich bei ihr auch um Dantes Jugendliebe. Beide Dichtungen tendieren dazu, ihren Schwerpunkt in den späteren Teilen stärker auf das Symbolische hin zu verschieben: Die Figuren, die den Adler (*Par.* XVIIIff.) bilden, sind weniger individualisiert als Ugolino und Ruggieri, und Helena ist symbolischer als Gretchen (ganz zu schweigen von den expliziten Allegorien wie Povertà [*Par.* XI 43ff.] oder Mangel, Schuld, Sorge und Not in der Szene «Mitternacht»).[15]

Etwas besonders Wichtiges würde fehlen, wenn die umfassenden Dichtungen nicht auch auf die Tradition Bezug nähmen, die sie erst ermöglichte. Solch eine *intertextuelle Bezugnahme* kann explizit sein, wie dank der Gegenwart von Vergil, Statius und Sordello im *Inferno* und *Purgatorio* oder von Boethius im *Paradiso* (X 124ff.) ebenso wie dank der Einführung lateinischer, provenzalischer und italienischer Dichtungen in einzelnen Canti der *Commedia* bzw., wenn auch zu einem viel geringeren Grad, in den kurzen Auftritten von Thales und Anaxagoras im zweiten Akt und der Transformation von Euphorions Leichnam «in eine bekannte Gestalt» (Lord Byron) am Ende des dritten Aktes von *Faust II*. Aber es gibt auch implizite und diskrete Intertextualität, die nur ein mit der Tradition vertrauter Leser wiederzuerkennen vermag (und die von bloßen Einflüssen zu

15 Die Allegorien in der Szene «Weitläufiger Saal» gehören zu einem Spiel im Spiel und sollten nicht mit jenen von «Mitternacht» verwechselt werden. In der *Commedia* laden die Cantos XXIXff. des *Purgatorio* zu einem detaillierten Vergleich mit «Weitläufiger Saal» ein. Aber der entscheidende Unterschied liegt auf der Hand: Dantes Festzug wird von einem göttlichen Prinzip geleitet, Goethes Festzug von Faust und Mephistopheles organisiert.

unterscheiden ist, die produktions-, aber nicht werkästhetisch relevant sind). Die zwei literarischen Corpora, die unsere Dichter im Sinn haben, überschneiden sich, am auffälligsten im Weltbuch Bibel und in einigen römischen Dichtern (z.B. Ovid und Lukan, von dem Dante die Figur des Cato im ersten Canto des *Purgatorio* und Goethe, und zwar in der Szene «Pharsalische Felder», Erichtho übernimmt, die auch in *Inf.* IX 22ff. zitiert wird). Aber jeder der beiden hat auch seine eigenen Autoren, mittelalterliche wie Arnaut Daniel und Sordello im Falle Dantes, griechische und frühneuzeitliche wie Euripides und Shakespeare im Falle Goethes (wahrscheinlich besteht sogar ein indischer Einfluss durch Kālidāsa im «Vorspiel auf dem Theater»). Intertextualität kann eine Eigenschaft des Kunstwerks selbst sein, aber sie kann auch eine Eigenschaft der Charaktere sein, die zum fiktionalen Universum gehören, das das Kunstwerk schafft. In Dante finden wir beides – nicht nur der Dichter Dante bezieht sich auf Vergil, sondern der Pilger Dante tut das Gleiche von Beginn des Werkes an (*Inf.* I 79ff.), ja ebenso Statius, der anfangs nicht begreift, dass die Figur, die Dante begleitet, sein geliebtes Vorbild ist (*Purg.* XXI 94ff., XXII 64ff.).

Nicht weniger wichtig als Intertextualität ist *Intratextualität*, die Querverweise innerhalb der Werke selber. Auch wenn nicht gerechtfertigte Wiederholungen mit großer Dichtung unvereinbar sind, muss die Einheit des Werkes durchgehalten werden, und beide Autoren erreichen dies, indem sie im Laufe ihres Gedichtes bestimmte Themen variieren. Besonders auffallende Beispiele sind die Wiederkehr der Thematik der Politik in den sechsten Cantos der drei Cantiche bzw. die Auftritte Wagners sowie des Studenten/Baccalaureus und die beiden Walpurgisnächte in *Faust I* und *Faust II*. Aber es gibt zahlreiche weniger offenkundige Querverweise und Variationen – man denke an den Kontrast zwischen denjenigen, die dieselbe Sünde begangen haben, aber teils ihr Vergehen bereut haben, teils halsstarrig verblieben sind, sodass sich die einen im Inferno (z.B. *Inf.* XV), die anderen im Purgatorio (z.B. *Purg.* XXVI) befinden; oder man denke an den Kontrast zwischen Fausts Liebe für Gretchen und seiner Liebe zu Helena.

Da die Dichtung nur im Medium der Sprache existiert, muss enzyklopädische Dichtung auch die Vielfalt der Sprache widerspiegeln – sie ist unvermeidlich *plurilinguistisch*, nicht monolinguistisch, wie sie es etwa ist bei Petrarca oder Racine.[16] Dantes und Goethes Sprache erstreckt sich von der Beschreibung der Freuden des Paradieses bis zu Skatologie und analen Witzen (*Inf.* XXI 139: «ed elli avea del cul fatto trombetta» «er hat darauf trompetet mit dem Hintern»; *Inf.* XXVIII 26f.: «'l tristo sacco / che merda fa di quel che si trangugia» «dem traurigen Sacke, / Der das, was man verzehrt, in Kot verwandelt»; V. 3961: «Es f-t die Hexe, es stinkt der Bock»; V. 4174f.: «Und wenn Blutegel sich an seinem Steiß ergetzen, / Ist er von Geistern und von Geist kuriert» – von den «Paralipomena» zur «Walpurgisnacht» ganz zu schweigen). Es ist eine besondere Leistung beider Dichtungen, dass sie die geistigen Grenzen und den Gesichtspunkt ihrer unterschiedlichen Charaktere in deren sprachlichen Eigentümlichkeiten vollkommen deutlich werden lassen: Die physische Aggressivität von Meister Adamo bzw. von Raufebold findet angemessenen Ausdruck in ihren Worten (*Inf.* XXX 103ff. bzw. V. 10511), ebenso die gemeine Schadenfreude des ungenannt bleibenden Betrügers (Ciampolos) und Lieschens (*Inf.* XXII 81; V. 3344ff). Beide Dichter sind auch Meister in der Beschreibung der Körpersprache ihrer Charaktere, Dante in seinem epischen Text,[17] Goethe hauptsächlich in den Regieanweisungen.[18] Vermutlich hat Goethe Dante in der Schöpfung von Mephistopheles' Sprache noch übertroffen. Deren intellektuelle Heimtücke wird

16 Ich beziehe mich auf Gianfranco Continis berühmte Unterscheidung zwischen Dantes Plurilinguismus und Petrarcas Monolinguismus: *Preliminari sulla lingua del Petrarca*, in: *Varianti e altra linguistica*, Einaudi, Turin 1979, 169–192. Miltons Hauptwerk ist dagegen deutlich monolinguistisch, so reich auch seine Inter- und Intratextualität sind. Allerdings ist Satans Sprache durch eine besondere Freude an Ambivalenzen ausgezeichnet (siehe z.B. VI 558ff.).

17 Vgl. J. Hösle: *‹Lo duca mio allor mi diè di piglio›: Zur nicht-verbalen Kommunikation in der ‹Divina Commedia›*, in: *Europäische Lehrdichtung. Festschrift für Walter Naumann*, hg. von H. G. Rötzer und H. Walz, Wissenschaftliche Buchgesellschaft, Darmstadt 1981, 74–85. Im *Paradiso* wird die Gestik zunehmend zur Choreographie ganzer Gruppen von Seligen: Lichthaftigkeit, Beweglichkeit und Gemeinsamkeit charakterisieren die «Körpersprache» der Seligen in dramatischem Gegensatz zur Erstarrung im Eis des neunten Höllenkreises.

18 Im Falle des Mephistopheles schließt dies obszöne Gesten ein, wie zum Beispiel nach V. 2513 und V. 3292.

durch ihren prosodischen Charakter hervorgehoben: Mephistopheles spricht gewöhnlich in Madrigalversen mit ihrer abwechselnden Silbenzahl.

Ohne Zweifel ist die unermessliche *prosodische Vielfalt* des *Faust* der vergleichsweisen Monotonie von Dantes *endecasillabi* in *terza rima* weit überlegen (ganz zu schweigen von Miltons Blankversen, auch wenn dieser in der Vorbemerkung zur zweiten Auflage seinen Verzicht auf den Reim begründet, der erst im barbarischen Mittelalter erfunden worden sei). Denn Goethe setzt die unterschiedlichen Metren auf geniale Weise zur Charakterisierung verschiedener Personentypen und Stimmungen ein.[19] Goethe konnte sich auf eine längere Geschichte der Weltliteratur ebenso wie auf die moderne Aneignung und Transformation der antiken Prosodie stützen: Neben den Madrigalversen und den Knittelversen finden sich etwa die aus Ariost und Tasso vertrauten Oktaven in der «Zueignung» und in den Beiträgen des Dichters im «Vorspiel auf dem Theater»; Fünftakter (manchmal ungereimt, also Blankverse); Alexandriner, die der französischen Tradition entstammen und im deutschen Barock beliebt waren, sowie die diesen oberflächlich ähnlichen, aber keine Zäsur in der Mitte aufweisenden jambischen Trimeter des antiken Dramas, in denen z.B. Helena spricht, schließlich Metren aus antiken Chorliedern und freie Rhythmen. Reime finden sich keineswegs immer, naheliegender Weise nicht zu Beginn des dritten Aktes von *Faust II*, in den freilich zu Helenas Überraschung und Entzücken der Reim schließlich ebenfalls eindringt, ja, sie selber zum Mitmachen verführt (V. 9273ff., besonders V. 9365ff.).

Beiden Dichten gemeinsam ist die Integration von Liedern in ihre Texte; das verleiht ihren Werken eine eindeutig lyrische Dimension, die das jeweilige komplexe Genre noch weiter ergänzt. Bei Goethe, der aus der Überfeinerung des Rokoko in die Ursprünglichkeit der Volksdichtung geflüchtet war, handelt es sich oft um Volkslieder bzw. um deren kunstvolle Nachahmungen, wie etwa «Es war ein König in Thule» (V. 2759ff.) oder «Meine Ruh' ist hin» (V. 3374ff.), aber auch um Studentenlieder in all ihrer Banalität (V. 2126ff.); bei Dante finden Lieder hauptsächlich, aber nicht

19 Vgl. Erich Trunz' Kommentar zu Bd. III der HA (493ff.).

ausschließlich im Zusammenhang mit der liturgischen Funktion der Musik Verwendung, und in diesem Kontext flicht er immer wieder lateinische Verse oder einzelne Worte in seine Dichtung ein (vgl. etwa *Purg.* VIII 10ff.). Im *Faust* ist die Verwendung des Lateinischen viel beschränkter; sie erfolgt mit enormer Wirkung nur in der Szene «Dom», bezeichnenderweise auch in einem liturgischen Kontext (V. 3798ff.). Zusätzlich bietet Dante eine Stelle aus acht provenzalischen Versen (*Purg.* XXVI 140ff.). Aber ich muss mir in diesem Essay, der sich auf die Inhalte konzentriert, einen gründlichen Vergleich der sprachlichen Mittel der beiden Meisterwerke, wie etwa der zahlreichen Bilder und Metaphern beider Dichter und der vielen Vergleiche bei Dante, versagen. Vergleiche gehören zum Epos wesentlich dazu (man denke nur an Homer), während ihr retardierendes Moment nicht gut zu einem Drama passt. Doch bei Dante sind sie aus einem ganz besonderen Grund zentral, nämlich um dem enzyklopädischen Ehrgeiz des Gedichtes gerecht zu werden. Delphine, Frösche, Falken und Enten etwa gibt es in keinem der drei Jenseitsreiche, aber die Vergleiche *Inf.* XXII 19ff., 25ff., 130ff. gestatten es, auch sie in das Werk einzubeziehen: Dank der Vergleiche vermag es lebensweltlich Vertrautes zu besingen, das von der Handlung der *Commedia* eigentlich ausgeschlossen ist. (Analoges gilt für Milton, obgleich die ausführliche Schilderung der Schöpfung durch Raphael im siebten Buch es Milton gestattet, etwa viele Pflanzen- und Tierarten explizit zu beschreiben.)

Was befähigte Dante und Goethe, enzyklopädische Dichtungen zu schreiben? Einige Parallelen im Leben der beiden Dichter sind auffallend. Beide Autoren begannen als Verfasser von Liebesdichtung, und obgleich schon früh in ihrer Dichtung eine philosophische Dimension vorhanden war, mussten sie mehrere Jahre mit expliziten philosophischen und wissenschaftlichen Studien ebenso wie mit politischen Aktivitäten verbringen, bevor sie in der Lage waren, ihre Meisterwerke abzuschließen. (Auch bei Milton folgte auf das frühe lyrische Werk – mit vorzüglichen Sonetten auch auf Italienisch – eine lange Phase als politischer Autor und Propagandist des Cromwellschen Commonwealth, bevor er sich, nach der Rückkehr der Stuarts, seinem Hauptwerk zuwenden konnte.) Dante beschreibt im *Convivio* (II 12), wie er nach dem Tod Beatrices nach Trost suchte und ihn in Boethius' *De consolatione philosophiae* und in Ciceros *De amicitia* fand[20] und wie dies zu Resultaten führte, die er nicht beabsichtigt hatte, die aber seiner Meinung nach vielleicht von der Vorsehung gewollt waren:

> E sì come essere suole che l'uomo va cercando argento e fuori de la 'ntenzione truova oro, lo quale occulta ragione presenta, non forse sanza divino imperio; io, che cercava di consolarme, trovai non solamente a le mie lagrime rimedio, ma vocabuli d'autori e di scienze e di libri: li quali considerando giudicava bene che la filosofia ... fosse somma cosa.
>
> Und wie es vorzukommen pflegt, daß ein Mensch Silber suchen geht und ohne Absicht Gold findet, das durch eine verborgene Ursache dargebracht wird, vielleicht nicht ohne göttlichen Befehl; [so] fand ich, der ich versuchte mich zu trösten, nicht nur ein Mittel gegen meine Tränen, sondern Worte von Autoren, von Wissenschaften und von Büchern: diese bedenkend urteilte ich richtig, daß die Philosophie ... ein allerhöchstes Ding sei.

Teilweise aufgrund dieser philosophischen und theologischen Studien, die 1291 einsetzten und, wie Dante uns im selben Kapitel erzählt, dreißig Monate dauerten, erzielte das *Convivio* größere, dem neuen Lebensalter angemessenere Besonnenheit und Männlichkeit als sein erstes Buch, die *Vita Nuova* (I 1). Es liegt nahe, Dantes Entwicklung dialektisch zu deuten: Nach der frühen Lyrik und der *Vita Nuova* widmete er die ersten Jahre des 14. Jahrhunderts der Philosophie der Sprache und Literatur und artikulierte die daraus gewonnenen Einsichten in *De vulgari eloquentia* und im *Convivio*.[21] De-

20 Es mag Brunetto Latini gewesen sein, der ihn zu diesen Studien ermunterte. In jedem Fall muss Latinis *Trésor* (oder der *Tesoretto*?) den jungen Dante von der Möglichkeit enzyklopädischen Wissens überzeugt haben. Mit großem Stolz verweist Latini auf die Unsterblichkeit, die er durch dieses Buch gewonnen habe: «Sieti raccomandato il mio Tesoro, / nel qual io vivo ancora, e piú non cheggio» («Es sei dir mein Tesoro noch empfohlen, / in dem ich weiterlebe; dies genügt mir»; *Inf.* XV 119f.). Dante erweckt den Eindruck, dass der Verdammte der Sieger und nicht der Verlierer eines Wettrennens sei (*Inf.* XV 121ff.). Zu Latinis Einfluss auf Dante siehe K. Stierle: *Das große Meer des Sinns. Hermenautische Erkundungen in Dantes ‹Commedia›*, Fink, München 2007, 334–352.

21 Zur philosophiegeschichtlichen Einordnung immer noch grundlegend: Karl-Otto Apel, *Die Idee der Sprache in der Tradition des Humanismus von Dante bis Vico*, Bouvier, Bonn, 1963.

ren Grundlagen hatte er in den 1290er Jahren gelegt, und diese Studien, zusammen mit der Erfahrung der politischen Verbannung, inspirierten ihn schließlich dazu, die *Commedia* zu schreiben, in der er die Dichtung seiner Jugend mit der später erworbenen Philosophie synthetisiert.

Die meisten Experten glauben, dass Dante das *Inferno* erst im Exil zu schreiben begann und daher nicht mehr als 20 Jahre an der *Commedia* arbeitete, vielleicht sogar beträchtlich weniger. Gewiss spielt schon das letzte Kapitel der *Vita Nuova* auf ein radikal neues Gedicht über Beatrice an: «io spero di dicer di lei quello che mai non fue detto d'alcuna» («hoffe ich sie so zu besingen, wie keine jemals besungen wurde»), aber die Worte mögen später hinzugefügt worden sein, und in jedem Fall ist die Anspielung vage. Goethes Arbeit am *Faust* erstreckte sich von spätestens 1773, als F. W. Gotter Goethes Projekt in einem Brief an ihn erwähnt, bis zum Juli 1831; einige Korrekturen wurden 1832 noch hinzugefügt. Beide Dichter starben kurz nach der Vollendung ihrer Meisterwerke, aber Goethe widmete seinem mehr Jahre, als Dante zu leben hatte. Wenn wir die letzte Szene, die Goethe schrieb (den Akt IV von *Faust II*), mit der mimischen Darstellung des Kommentars von Olenschlagers zur Goldenen Bulle in Verbindung setzen, die der Teenager Goethe verfasst hatte (HA IX 158), kann man sogar sagen, dass sich bestimmte dramatische Ideen in Goethes Geist fast 70 Jahre lang entfalteten. Aber auch Goethe erlitt während seiner frühen Weimarer Zeit, in der er tätiges Mitglied der Regierung des Herzogtums Sachsen-Weimar-Eisenach war, ein Jahrzehnt relativer poetischer Stagnation, bis seine Flucht nach Italien 1786 seine poetische Vorstellungskraft wiederbelebte. Es ist interessant, dass Goethe große Philosophie nahezu im selben Alter wie Dante zu studieren begann: 1773/74 begegnete der 24-Jährige erstmals dem Werk Spinozas.[22] Aber er war in seinen Dreißigern, als er 1784/85 die *Ethica* gründlich studierte und sogar ein Essay über dieses Werk verfasste (HA XIII 7ff.).

Der unterschiedliche Zeitrahmen, in dem die beiden Werke entstanden, sowie die Tatsache, dass Goethe neben dem *Faust* gleichzeitig an einer Fülle anderer, teilweise äußerst umfangreicher Werke

22 HA X 35f., 76ff.

der verschiedensten Genres arbeitete, erklären die viel größere architektonische Geschlossenheit der *Commedia* (die nicht notwendig ein Vorzug ist, weil sie manchmal zu schematisch wirkt, so wie auch bei Milton, der sein Werk in nur sechs Jahren, von 1658 bis 1664, verfasste). Ein wichtiger Unterschied zwischen beiden Dichtern ist in der Weise zu sehen, wie sie mit dem eigenen Leben umgegangen sind. Beide nehmen in der Geschichte des Genres Autobiographie erstrangige Plätze ein, aber während Dante dem eigenen Leben sein erstes Buch widmete, begann Goethe mit der Publikation seiner autobiographischen Schriften erst in seinen Sechzigern, in einem Lebensalter also, das Dante gar nicht erreichte. Die enorme Energie, die Goethe der Erforschung und Darstellung seines eigenen Selbst widmete, und zwar in Werken, die trotz aller Idealisierungen durchaus faktische Wahrheit wiederzugeben beanspruchen,[23] erklärt, warum sein Faust nicht allzu viele Züge seines Autors trägt. Während sich der Dichter Dante unvermeidlich mit der Entwicklung des Pilgers Dante identifiziert, distanziert sich Goethe von seinem Helden.[24] Dante dagegen hat, wie schon gesagt, sich selbst zum Zentrum seines enzyklopädischen Gedichtes gemacht, das Epos und fiktionale Autobiographie (mit vielen Anspielungen auf reale Vorgänge in Dantes Leben) zugleich ist.

Dante muss, als er sein Werk zu schreiben begann, schon ziemlich genau gewusst haben, wie es als Ganzes aussehen würde; doch der vorklassische Stürmer und Dränger, der den *Urfaust* verfasste, hatte schwerlich jene Helena im Sinne, die schließlich im zweiten Teil erscheint, auch wenn das Thema durch das Volksbuch des «Christlich Meinenden» von 1587 (und Marlowes Tragödie, die Goethe jedoch erst mit fast siebzig Jahren las) vorgegeben war und der Brief an Humboldt vom 22.10.1826 beweist, dass es sich dabei um «eine meiner ältesten Conceptionen» handelt:

> Sie ruht auf der Puppenspiel-Überlieferung, daß Faust den Mephistopheles genöthigt, ihm die Helena zum Beylager heranzuschaffen. Ich habe von

23 Siehe meinen Essay: *Erste und dritte Person bei Burchell und Goethe: Theorie und Performanz im zehnten Buch von ‹Dichtung und Wahrheit›*, in: *Goethe-Jahrbuch* 123 (2006) 115–134.

24 Siehe das kurz vor Goethes Tode verfasste Gedicht HA I 321.

> Zeit zu Zeit daran fortgearbeitet, aber abgeschlossen konnte das Stück nicht werden, als in der Fülle der Zeiten …[25]

Selbst hinsichtlich des ersten Teils fand Goethe erst 1788 in Rom «den Faden wieder» (HA XI 525), doch das 1790 veröffentliche Werk *Faust, ein Fragment* bricht noch mit der Szene «Dom» ab; erst 1808 erscheint der ganze *Faust* I. Dass Goethe als Dichter sich vom Sturm und Drang über die Klassik bis zur Sympathie für die Romantik entwickelt hatte, erklärt den größeren stilistischen Reichtum des *Faust*. Freilich garantiert die Einheit von Goethes Persönlichkeit die Geschlossenheit des Werkes. Nach der gerade zitierten Stelle der *Italienischen Reise* lesen wir:

> Ich habe schon eine neue Szene ausgeführt, und wenn ich das Papier räuchre, so, dächt' ich, sollte sie mir niemand aus den alten herausfinden. Da ich durch die lange Ruhe und Abgeschiedenheit ganz auf das Niveau meiner eignen Existenz zurückgebracht bin, so ist es merkwürdig, wie sehr ich mir gleiche und wie wenig mein Innres durch Jahre und Begebenheiten gelitten hat.

Gewiss stammt die Stelle aus einem Brief vom 1.3.1788, aber da der *Zweite Römische Aufenthalt* erst 1829 erschien, will Goethe wohl, dass der Leser das Gesagte auf den ganzen *Faust* ausweitet.

25 Goethes *Werke*, hg. im Auftrage der Großherzogin Sophie von Sachsen, IV. Abteilung, 41. Band, Hermann Böhlaus Nachfolger, Weimar 1907, 202. Man beachte die letzte Wendung – eine offenkundige Anspielung auf Pauls *Galaterbrief* 4.4. Damit stellt sich Goethe implizit als neuen Jesus dar. Zu der Art, wie Goethe Christus auch sonst durch sich selbst ersetzt (einer Weise, die an Albrecht Dürers berühmtes *Selbstportrait im Pelzrock* in der Alten Pinakothek in München erinnert), siehe meinen Aufsatz: *Kunstreligion, Selbstmythisierung und die Funktion des Kirchenjahres in Goethes ‹Italienischer Reise›*, in: *Autoinvenienz*, hg. von R. Breuninger und P.L. Oesterreich, Würzburg 2012, 35–58 (englisches Original in: *Religion and Literature* 38/4 [2006] 1–25).

# Natur und Wissenschaft

Dante und Goethe erwarben nicht nur philosophisches, sondern auch wissenschaftliches Wissen. Das versteht sich von selbst für Dante, da in seiner Zeit die Wissenschaft noch ein integraler Bestandteil der Philosophie war: Er schreibt sogar Vergil Vertrautheit mit Wissenschaft und Kunst zu (*Inf.* IV 72). Es kann schwerlich überraschen, dass von unseren beiden Autoren eher Dante beanspruchen kann, das meiste Wissen seiner Zeit zu überblicken – denn das frühe 14. Jahrhundert wusste viel weniger als das frühe 19. Jahrhundert. Dantes *Quaestio de aqua et de terra* weicht nicht stark vom wissenschaftlichen Mainstream seiner Zeit ab, während Goethes *Zur Farbenlehre* dies durchaus tut: Denn es ist fast unmöglich, die Resultate moderner Wissenschaft zu erfassen, wenn man ihr nicht sein ganzes Leben widmet, und es ist bekannt, dass Goethe nicht die mathematische Begabung hatte, die erforderlich gewesen wäre, um deren Resultate zu begreifen. Dante dagegen spielt wenigstens gelegentlich auf mathematische Theoreme an (*Par.* XIII 101ff., XVII 14ff., XXXIII 133ff.).[26] Dennoch ist Goethes Vertrautheit mit Natur*geschichte* in Geologie, Meteorologie, Botanik und Zoologie bemerkenswert, und er kann sogar auf einige Entdeckungen in diesem Gebiet Anspruch erheben – was freilich von der eigentlichen Natur*wissenschaft* zu unterscheiden ist, die unter Benutzung mathematischer Modelle eine Erklärung dieser Phänomene zu geben versucht. Diese Einsichten wurden zum Teil in den *Faust* integriert.[27]

26 Ich kann nicht entscheiden, ob die weitreichenden numerologischen Schlussfolgerungen, die Thomas E. Hart, *‹Per misurar lo cerchio› (Par. XXXIII 134) and Archimedes' ‹De mensura circuli›: Some Thoughts on Approximations to the Value of* π, in: *Dante e la scienza*, hg. von P. Boyde und V. Russo, Longo, Ravenna 1995, 265–335 zieht, legitim sind. Aber es liegt auf der Hand, dass Numerologie, zumal die Faszination durch die Zahlen 3, 4, 7 (= 3+4), 9 (= $3^2$), 10 und 12 (= 3x4), in dem Gedicht eine große Rolle spielt, am offenkundigsten in der Zahl der 1 + 33 + 33 + 33 Canti ebenso wie in der Wahl der *terza rima*, die eine evidente Huldigung an die Trinität darstellt. Im *Faust* findet sich kaum etwas Vergleichbares.

27 Vgl. V. 7851ff. und V. 10075ff. zur Geologie, V. 10039ff. zur Meteorologie. Zu den biologischen Metaphern vgl. A. P. Cottrell, *Goethe's Faust. Seven Essays*,

Der Versuch, Ordnung und Schönheit in der Natur zu finden, ist beiden Dichtern gemeinsam, und insbesondere rahmen astronomische Ideen ihre Anschauung des Kosmos ein. Die astronomischen Stellen in der *Commedia* sind notorisch zahlreich und schwer zu verstehen für moderne Literaturwissenschaftler, die selten in der Beobachtung des Himmels geschult sind.[28] Beiden Dichtungen gemeinsam ist die alte pythagoreische Idee einer Sphärenharmonie – schwerlich eine wissenschaftliche These nach gegenwärtigen Maßstäben, aber doch eine Idee, die noch Kepler und natürlich Milton[29] faszinierte. Während Dante sie wörtlich nimmt, wie er das mit der ganzen ptolemäischen Kosmologie tut, spielt Goethe mit ihr aufgrund ihrer poetischen Qualitäten. (Milton hat wie so oft eine Mittelstellung inne, da er, der Galilei besuchte, zwischen ptolemäischem und kopernikanischem Weltbild schwankt.)[30] Dante begegnet der Sphärenharmonie im ersten Canto des *Paradiso*: «La novità del sono e 'l grande lume / di lor cagion m'accesero un disio / mai non sentito di cotanto acume» («Des Klanges Neuheit und das große Leuchten / Entflammten mich mit Sehnsucht nach dem Grunde, / Wie ich sie nie mit solcher Schärfe fühlte»; 82ff.). Schon im *Purgatorio* spielt er auf sie an, wenn der Gesang der Engel erwähnt wird, der Beatrice milde stimmt und Dantes Tränen auslöst, das Zeichen seiner Reue, ohne die er nicht in der Lage wäre, Lete zu überschreiten: «così fui sanza lagrime e sospiri / anzi 'l cantar di quei che

Chapel Hill 1976, 22–38: *‹… bald mit Blättern, bald mit Blüten …›: Metamorphoses of Nature and of Man in Faust*. Es liegt nahe, die zweite geologische Stelle mit *Inf.* XII 1ff. zu vergleichen.

28 Zu diesen achtundachtzig Stellen vgl. G. Buti und R. Bertagni, *Commento astronomico della Divina Commedia*, Remo Sandron, Florenz 1966, und A. Cornish, *Reading Dante's Stars*, Yale University Press, New Haven, London 2000.

29 Vgl. *Paradise Lost* III 579ff., V 177f., 625ff.

30 Vgl. VIII 117ff., X 668ff. Es ist interessanterweise Satan, der sich zum Geozentrismus bekennt (IX 99 ff,), da er die Erde dem Himmel vorzieht. Raphael gibt die Möglichkeit zu bedenken, dass auch andere Sterne bewohnt seien (VII 620ff.), fordert aber Adam auf, sich um astronomisch-kosmologische Fragen nicht zu kümmern: «Heav'n is for thee too high / To know what passes there; be lowly wise» (VIII 172f.). Die Beschränkung auf die Heilsgeschichte, die wichtiger sei als die Kenntnis aller Sterne (XII 575ff.), wäre allerdings sowohl Dante als auch Goethe zu wenig gewesen.

notan sempre / dietro a le note de li etterni giri ...» («So war ich ohne Seufzer, ohne Tränen, / Bevor ich jene singen hört', die immer / Gemäß dem Ton der ewigen Kreise singen»; *Purg.* XXX 91ff.). Es ist genau diese Verbindung zwischen Sphärenharmonie und Gesang der Engel, die in den ersten Versen des «Prologs im Himmel» in *Faust I* angedeutet wird, wenn Raphael anstimmt: «Die Sonne tönt nach alter Weise / In Brudersphären Wettgesang.» (V. 243f.) Die Sterne, auf die das letzte Wort aller drei Cantiche Bezug nimmt, werden im selben Prolog als das benannt, das Faust selbst begehrt: «Vom Himmel fordert er die schönsten Sterne» (V. 304).

Innerhalb der natürlichen Welt teilen Dante und Goethe ein Interesse an Optik. Die *Commedia* verwendet oft Vergleiche mit optischen Phänomenen, zumal der Reflexion des Lichtes in Spiegeln,[31] und nimmt Bezug auf das wissenschaftliche Wissen ihrer Zeit, das letztlich auf Euklid zurückgeht, aber von Witelo in seiner *Perspectiva* zusammengefasst worden war (man denke an *Purg.* XV 16ff.). In *Par.* II 94ff. fordert Beatrice Dante zu einem optischen Experiment mit drei Spiegeln auf, um eine Theorie zu widerlegen, die Dante selbst im *Convivio* (II 14) verteidigt hatte. Witelos Optik gründet in einer Lichtmetaphysik, und Dante teilt den Glauben, dass die Rangordnung der Himmel von dem Grad abhängt, in dem sie am göttlichen Licht teilhaben (vgl. *Par.* I 4ff. und XXX 39ff. zum Empyreum[32] ebenso wie XXIX 136ff.). Diese Lichtmetaphysik ist durch die moderne Wissenschaft beseitigt worden, und man kann das Motiv von Goethes inkompetenter Polemik gegen Newtons Farbenlehre nicht verstehen, wenn man sie nicht mit seinem Wunsch in Verbindung setzt, eine metaphysische Interpretation von Licht, Finsternis und Farbe zu bewahren. Solch eine Interpretation durchdringt den *Faust*: Mephistopheles stammt aus ursprünglicher Finsternis, die nach seiner eigenen teuflischen Kosmologie, die der Dichter sicher nicht teilt, dem Licht vorausgeht (V. 1349ff.; vgl. V. 6927).[33] Die farbige

31 Vgl. S. A. Gilson, *Medieval Optics and Theories of Light in the Works of Dante*, Mellen Press, Lewiston, Queenston, Lampeter 2000.

32 Zum Empyreum vgl. C. Moevs, *The Metaphysics of Dante's ‹Comedy›*, Oxford University Press, Oxford 2005, 15–35.

33 Auch Miltons Satan vertritt die These, er sei nicht von Gott geschaffen worden (V 853ff.).

physische Welt nimmt eine Zwischenstellung ein zwischen dem reinen Licht und der reinen Finsternis – ihre Materialität verweist auf das dunkle Element (V. 1353ff.), während die Farben ein Zeichen des Lichts sind, das in ihr wirkt. Dort, wo Faust den Selbstmord als ein Mittel erwägt, die eigene Existenz zu erweitern, spricht er von «Feuerwagen» (V. 702);[34] während des Osterspaziergangs mit Wagner herrschen die Lichtmetaphern vor (V. 1070ff.). Und sie gipfeln in den Versen: «Ich eile fort, ihr ew'ges Licht zu trinken, / Vor mir den Tag und hinter mir dir Nacht» (V. 1086f.). Gretchen wird in der letzten Szene über ihren Liebhaber sagen: «Noch blendet ihn der neue Tag» (V. 12093). Nach seiner Wiedererweckung zu Beginn des zweiten Teils nimmt Faust die Färbung der Welt durch die aufgehende Sonne wahr: «Auch Farb' an Farbe klärt sich los vom Grunde, / Wo Blum' und Blatt von Zitterperle triefen – / Ein Paradies wird um mich her die Runde» (V. 4692ff.). Nach Bemerkungen zum «Flammenübermaß» (V. 4708) der Sonne, von dem er seinen Blick abwenden muss, wendet sich Faust an den Regenbogen, der sich über dem Wasserfall formt und der, da er weniger Licht enthält als das Sonnenlicht, ein angemessenes Symbol der menschlichen Existenz ist:

> Allein wie herrlich, diesem Sturm entsprießend,
> Wölbt sich des bunten Bogens Wechseldauer,
> Bald rein gezeichnet, bald in Luft zerfließend,
> Umher verbreitend duftig kühle Schauer.
> Der spiegelt ab das menschliche Bestreben.
> Ihm sinne nach, und du begreifst genauer:
> Am farbigen Abglanz haben wir das Leben. (V. 4721ff.)

Die Tatsache, dass dieser lange Monolog Fausts in *terza rima* verfasst ist, scheint eine explizite Bezugnahme auf Dante zu sein, und in der Tat wird die immanente Trinität von Dante im letzten Canto seines Werkes mit der Reflexion der Regenbogen verglichen (*Par.* XXXIII 118ff.; vgl. *Par.* XII 10ff.). Freilich sieht man hier schon einen grundlegenden Unterschied zwischen den beiden Dichtern: Dante verwendet den Regenbogen, um Licht auf Gottes inneres

34 Das ist natürlich eine Anspielung auf Elias Feuerwagen (2 *Könige* 2,11), der auch bei Dante vorkommt (*Inf.* XXVI 35ff.).

Wesen zu werfen, Goethe, um menschliches Leben zu beleuchten. Wir werden auf diesen Perspektivenwechsel zurückkommen.[35]

Ein wesentlicher Unterschied zwischen Dante und Goethe besteht darin, dass nur Goethe die ‹Tragödie des Wissens› darstellt. Für Dante ist wahres Wissen an und für sich ein frageloses Gut. Gewiss transzendiert die Theologie die Philosophie (*Purg.* XXXIII 85ff.), und Dante betont immer wieder, dass die Entscheidungen der göttlichen Vorsehung, die Gründe für die Erwählung zum Heil oder zur Verdammnis, uns unzugänglich bleiben (*Purg.* VI 121ff.; *Par.* IV 67ff.; XIX 97ff.; XXI 91ff.). Ein voluntaristischer Rest ist auch in seiner Metaphysik der Schöpfung gegenwärtig («come i piacque», «wie es ihr gefiel»; *Par.* XXIX 17);[36] und am Ende ersetzt eine mystische Vision eine argumentative Durchdringung der Dogmen der Trinität und Inkarnation: «Ma non eran da ciò le proprie penne: / se non che la mia mente fu percossa / da un fulgore in che sua voglia venne» («Doch reichten dazu nicht die eignen Flügel. / Vielmehr ist da mein Geist getroffen worden / Von einem Blitz, der seinen Wunsch erfüllte»; *Par.* XXXIII 139ff.; vgl. *Purg.* III 37ff.). Dennoch teilt Dante das scholastische Vertrauen in die Kraft der Vernunft, und er lehrt die Fähigkeit des menschlichen Geistes, Wahrheit zu erfassen, was einen Zugang zur göttlichen Wahrheit voraussetzt, in der alle besondere Wahrheit gründet:

> Io veggio che già mai non si sazia
> nostro intelletto, se 'l ver non lo illustra
> di fuor dal qual nessun vero si spazia.
> Posasi in esso, come fera in lustra,
> tosto che giunto l'ha; e giugner puollo:
> se non, ciascun disio sarebbe frustra.

35 Bei Milton spielt das Licht ebenfalls eine gewisse Rolle, und zwar in Raphaels Schöpfungbericht (VII 243ff.), aber ergreifender noch im zweiten seiner vier Musenanrufe (III 1ff.), da Milton die Bedeutung des Lichts, das er um Inspiration bittet, mit der Blindheit kontrastiert, in der er sein Hauptwerk verfassen musste. Doch findet sich keine vergleichbare Theorie des Zusammenwirkens von Licht und Dunkelheit wie bei Goethe, auch wenn Milton den polaren Gegensatz der Geschlechter auf denjenigen des Lichts von Sonne und Mond überträgt (VIII 148ff.). Für Irrlichter interessieren sich Milton (IX 633ff.) wie Goethe (V. 3855ff.).

36 Ähnlich Milton VII 170ff.

Ich seh, daß unser Geist niemals gesättigt
Sein wird, wenn ihn die Wahrheit nicht erleuchtet,
Vor deren Toren keine Wahrheit wohnet.
Er ruht in ihr wie Tiere in den Nestern,
Sobald er sie nur fand; er kann sie finden,
Sonst wäre jede Sehnsucht ja vergebens. (*Par.* IV 124ff.)[37]

Goethe andererseits ist der Vernunft insofern stärker verpflichtet, als er sich nie auf die Offenbarung beruft; höchstwahrscheinlich teilt er Mephistopheles' sarkastische Einschätzungen, die sich gegen den Glauben an die Trinität wenden und vom «Hexen-Einmaleins» provoziert wurden:

Denn ein vollkommner Widerspruch
Bleibt gleich geheimnisvoll für Kluge wie für Toren.
Mein Freund, die Kunst ist alt und neu.
Es war die Art zu allen Zeiten
Durch Drei und Eins, und Eins und Drei
Irrtum statt Wahrheit zu verbreiten.
...
Gewöhnlich glaubt der Mensch, wenn er nur Worte hört,
Es müsse sich dabei doch auch was denken lassen. (V. 2557ff.; vgl. V. 1995ff.)

Und in der Tat fehlen trinitarische und christologische Ideen im *Faust* völlig. Milton nimmt wiederum eine Zwischenstellung zwischen den beiden ein: Zwar wird, nach der Muse, der Heilige Geist in der ersten Musenanrufung genannt (I 17), und der Erzengel Michael verweist auf dessen Werk, das nach Christi Himmelfahrt einsetzt (XII 484ff.). Aber es handelt sich dabei ausdrücklich um Gottes eigenen Geist, keineswegs um eine dritte Person, die als solche im Werk nicht vorkommt. Christus dagegen ist als eine unabhängige Person konzipiert, gleichsam als Exekutive gegenüber der Legislative Gottes des Vaters (VII 174f., X 68ff.). Aber eben deswegen ist Miltons Christologie die des Subordinatianismus (wie es auch diejenige des Johannesevangeliums [14, 28] und Paulus' [1. Kor. 15,28] gewesen ist), schon weil eine explizite Machtübertragung

37 Die Stelle wird mit enthusiastischer Zustimmung in Hegels *Encyklopädie der philosophischen Wissenschaften im Grundrisse* (§ 440, mündlicher Zusatz) zitiert.

vom Vater auf den Sohn (V 600ff.) stattfindet. Messiah ist Gottes «Vice-gerent» (V 609, X 56).

Gleichzeitig verzweifelt, trotz dieser aufklärerischen Verpflichtung auf die Unterwerfung religiöser Thesen unter den Gerichtshof der Vernunft, Goethes Faust hinsichtlich der Fähigkeit der Vernunft, gültiges Wissen zu erfassen (V. 364ff.). Es ist nicht einfach so, dass Goethe die universitäre Erziehung seiner Zeit in den beiden Szenen mit dem Studenten bzw. Baccalaureus, offenbar derselben Person, verspottet (V. 1868ff., 6689ff.) – das erste Mal in einer Polemik gegen das traditionelle akademische Ambiente, das zweite Mal, indem er den zeitgenössischen subjektivistischen Geniekult verhöhnt. Solche Angriffe gegen unwürdige Intellektuelle finden sich durchaus auch bei Dante,[38] und auch er weiß, dass der Appell an das edle Wissensideal durch geschickte Redner verhängnisvollen Zwecken dienstbar gemacht werden kann (*Inf.* XXVI 112ff.). Nein, was bei Goethe neu ist, ist, dass er das Lebensgefühl des Sturm und Drangs, das die Romantiker später neu formulierten, meisterhaft ausdrückt: Die Rationalisierung der modernen Welt führe uns von einer tieferen Erfassung der Wirklichkeit ab. Faust wird es nur dadurch gelingen, einige wirklich wertvolle Einsichten in das Wesen der Welt zu gewinnen, dass er sein allumfassendes Bücherwissen aufgibt und sich seiner erotischen Leidenschaft für Gretchen ergibt.

Die traditionelle platonische Rangordnung hatte gelehrt, dass erotische Liebe schließlich zur Hingabe an reines Wissen führen muss. Was die beiden philosophischen Gedichte am radikalsten unterscheidet, ist die Unterhöhlung dieses Glaubens im *Faust*. Es ist nicht einfach so, dass Goethe die Notwendigkeit der Vernunft verwirft: Auch wenn die warnenden Verse «Verachte nur Vernunft und Wissenschaft, / Des Menschen allerhöchste Kraft» (V. 1851f.) von Mephistopheles stammen und daher mit Vorbehalt gelesen werden müssen, ist Goethe weit davon entfernt, den Irrationalismus zu befürworten. Er steht Hegel mit der Annahme nahe, dass es verschiedene Formen der Rationalität gibt, begrenztere und umfassendere. Daher gibt es keinen Zweifel, dass Goethe selbst durch Mephistopheles' Spott über das rein analytische Wissen spricht (V.

38 Vgl. *Convivio* I 9.

1936ff.). Mephistopheles' ironische Behandlung der Logik (V. 1910ff.) entspricht zu sehr Goethes eigener Antipathie gegen die Disziplin,[39] um als ausschließlich der teuflischen Perspektive entsprungen angesehen zu werden. Goethe teilte gewiss nicht Dantes Interesse an der Frage zum Status von Schlussfolgerungen aus Prämissen mit unterschiedlichem modalem Status (*Par* XIII 98f.), während Dante darauf beharrt, dass auch der Teufel ein Logiker ist und sehr wohl weiß, dass selbstwidersprüchliche Akte ungültig sind: «Forse / tu non pensavi ch'io loïco fossi!» («Wahrlich, / Du hast wohl nicht gedacht, ich wäre logisch!»; *Inf.* XXVII 122f.). Das impliziert übrigens, dass die von einigen Literaturkritikern gegenwärtig verteidigte These, wonach große Literatur eher als die Philosophie Wahrheit erfassen kann,[40] Dante ferner liegt als Goethe. Was auch immer die inneren Vorzüge dieser Annahme sein mögen,[41] ich kenne keine Stelle bei Dante oder in mittelalterlichen poetologischen Abhandlungen, die die epistemische Überlegenheit der Dichtung gegenüber der Philosophie oder der Offenbarungstheologie anerkennt, den legitimen Quellen autoritativer Wahrheitsansprüche.[42] Es scheint mir, dass hier eine romantische Idee auf Dante zurückprojiziert wird.

Goethes Ablehnung engstirniger Wissenschaft wird Fleisch in der Gestalt Wagners. Auch wenn er alles wissen möchte (V. 601), nimmt ihn Faust als den ärmlichsten aller Menschen wahr (609):

> Wie nur dem Kopf nicht alle Hoffnung schwindet,
> Der immerfort an schalem Zeuge klebt,
> Mit gier'ger Hand nach Schätzen gräbt,
> Und froh ist, wenn er Regenwürmer findet! (V. 602ff.)

39 Siehe HA IX 247ff.

40 Vgl. das wichtige Buch von G. Mazzotta, *Dante's Vision and the Circle of Knowledge*, Princeton University Press, Princeton 1993.

41 Friedrich Schillers berühmter Essay *Über die notwendigen Grenzen beim Gebrauch schöner Formen* drückt in meinen Augen eine angemessenere und nüchternere Position hinsichtlich des Verhältnisses von Wahrheit und Schönheit aus, obzwar sie im Gewand vollkommener Kunstprosa vorgetragen wird.

42 Vgl. *Par.* XXVI 25ff., 46ff. In *Convivio* IV 6 wird die kaiserliche Autorität mit der Autorität des Philosophen kontrastiert.

Im zweiten Teil der Tragödie ist Wagner Fausts Nachfolger geworden, und er erzeugt den Homunculus in der Hoffnung, die verbreiteteren Formen der Fortpflanzung abzuschaffen (vgl. V. 6838ff.). Auch wenn Goethe eine Form von Wissenschaft beschreibt, die in magischen Vorstellungen der Renaissance ihre Wurzeln hat, hat er doch mit dem Homunculus einige der jüngsten Entwicklungen der Biotechnologie vorweggenommen. Wagner möchte durch menschliche Technologie die innere Entelechie des Embryo ersetzen (V. 6840ff.), dessen geheimnisvolle Kraft Statius Dante erklärt hatte (*Purg.* XXV 34ff.);[43] er vertritt somit die Verbindung von Wissenschaft und Technik, die der antiken und mittelalterlichen Welt noch fremd war, aber die Moderne charakterisiert.

Die Verwandlung unserer Lebenswelt durch Wissenschaft und Technik ist nicht auf Wagner begrenzt. Fausts letzter Versuch, dem Meer Land abzugewinnen, ist ein Symbol des Wunsches des modernen Menschen, seine Macht über die Natur auszudehnen. Die damit verbundenen Verbrechen (vgl. V. 11127f., 11143ff.) ebenso wie das letztliche Scheitern weisen auf einige der beunruhigendsten Aspekte der Moderne hin, die Dante noch unbekannt waren.[44] Dante kommt ihnen am nächsten in der Erfindung seines Ulyss, dessen Normübertretung, die Reise jenseits der Säulen des Herkules, die Entdeckungsreisen der Neuzeit antizipiert. Interessanterweise enden beide Unternehmen im Triumph des Wassers über den Menschen:

Tre volte il fé girar con tutte l'acque;
a la quarta levar la poppa in suso
e la prora ire in giú, com'altrui piacque,
infin che 'l mar fu sovra noi richiuso.

Dreimal ließ er's mit allen Wassern kreisen,
Beim vierten Male ging das Heck nach oben,
Der Bug nach unten, wie's dem Herrn gefallen,
Bis über uns die Wogen sich geschlossen. (*Inf.* XXVI 139ff.)

43 Vgl. J. Ziegler, *The Scientific Context of Dante's Embryology*, in: *Dante and the Human Body. Eight Essays*, hg. von J. C. Barnes und J. Petrie, Four Courts, Dublin 2007, 61–88.

44 Milton antizipiert sie hingegen zum Teil in seiner Kritik an Satans genialer Erfindung neuer Kriegsmaschinerie (VI 469ff.), die die Engelsschlacht zunächst unentschieden ausgehen läßt und Messiahs Eingriff erfordert.

Im Fall des *Faust* kommt das Wasser selbst zu dem Land, das ihm entrissen worden war:

> Denn du bereitest schon Neptunen,
> Dem Wasserteufel, großen Schmaus.
> In jeder Art seid ihr verloren; –
> Die Elemente sind mit uns verschworen,
> Und auf Vernichtung läuft's hinaus. (V. 11546ff.)

Aber während Ulyss' Verdammnis auf seinen physischen Untergang folgt, wird Fausts Seele gerettet.

# Geschichte und Politik

Dies führt uns zum unterschiedlichen Bild der menschlichen Geschichte bei den beiden Dichtern. Im sechsten Canto des *Paradiso* bietet Justinian eine komplexe Philosophie und Theologie der Geschichte, während *Faust* das Wesen verschiedener Epochen dramatisch repräsentiert, insbesondere den Gegensatz zwischen antiker und mittelalterlich-frühneuzeitlicher Welt im zweiten und dritten Akt des zweiten Teiles. In ihrem Zugang zur Geschichte weichen freilich Dante und Goethe stärker voneinander ab als in ihrem Zugang zur Natur. Denn auch wenn die Wasserscheide der modernen Wissenschaft die beiden Dichter trennt, haben wir doch gesehen, dass sich Goethe im Fall der Naturwissenschaften weiterhin verschiedenen Zügen des vormodernen Wissenschaftsbildes verpflichtet weiß. Im Fall der Geschichte akzeptiert jedoch Goethe, der ein Schüler Herders war, den neuen Zugang. Der Niedergang der biblischen Erzählweise – um den Titel von Hans Freis bekanntem Buch *The Eclipse of Biblical Narrative* zu zitieren – erfolgte im 18. Jahrhundert, und schon der junge Goethe begriff, dass die Bibel keineswegs wörtliche geschichtliche Wahrheit enthalten kann. Dante dagegen akzeptiert die wörtliche Wahrheit der biblischen Heilsgeschichte, in deren Struktur er all das, was er über menschliche Ereignisse glaubt, integriert.[45] Natürlich verteidigt Dante auch einen allegorischen, moralischen und anagogischen Sinn der Bibel, aber der Wortsinn ist und bleibt der Ausgangspunkt. Adam ist für Dante ebenso eine geschichtliche Figur wie Vergil (*Par.* XXVI 80ff.), während Goethe schon einen geologischen Zeitrahmen an-

45 Das bedeutet nicht, dass Dante Nicht-Christen ignoriert. Er schließt tugendhafte Muslime in den Limbus ein (*Inf.* IV 129; vgl. *Convivio* IV 11) und erkennt an, dass tugendhafte Heiden aus Afrika Christus näher stehen mögen als falsche Christen (*Par.* XIX 106ff.). Dennoch folgt diese Aussage der Behauptung: «A questo regno / Non salí mai chi non credette ’n Christo» («Zu diesem Reiche stiegen / Noch niemals die, die nicht an Christus glaubten»; *Par.* XIX 103f.; vgl. auch *Purg.* VII 7f., 25ff.). Es gibt allerdings einige berühmte Ausnahmen (*Inf.* IV 46ff.; *Par.* XX 43ff.). Über das Problem der Rettung der Heiden siehe B. D. Schildgen, *Dante and the Orient*, University of Illinois, Urbana, Chicago 2002, 92ff.

erkennt (V. 7851ff.). Es ist keineswegs so, dass Goethe, der sein ganzes Leben lang formal ein Lutheraner war, mit der Bibel weniger vertraut gewesen wäre als Dante; im Gegenteil, als Teenager begann Goethe sogar, Hebräisch zu lernen.[46] Sein Faust wird von Mephistopheles aufgesucht, während er das Evangelium nach Johannes aus dem griechischen Original übersetzt, das Dante noch unzugänglich war, und die Zahl der Anspielungen auf die Bibel mag im *Faust* nicht viel geringer sein als in der *Commedia*. Für Goethe, der sich die entscheidenden Methoden der modernen Geisteswissenschaften angeeignet hatte, behalten die biblischen Geschichten ihren Wert, auch wenn sie jeden Bezug auf faktische geschichtliche Ereignisse verloren haben. Unmittelbar nach der Ermordung Philemons, Baucis' und deren Gastes wendet sich Mephistopheles, in einer jener Stellen, die die Kunstwerkillusion durchbrechen, an das Publikum mit den Worten: «Auch hier geschieht, was längst geschah, / Denn Naboths Weinberg war schon da. (Regum I, 21)» (V. 11286f.; es ist erwähnenswert, dass Goethe selbst die Bibelstelle einfügt, ebenso auch vor den Versen 10323, 12037 und 12045). Die paradigmatische Bedeutung der Bibel wird in diesen Versen hervorgehoben, auch wenn eine brutale Ironie darin besteht, dass es die menschliche Habsucht ist, die sich als ewig erweist. Ein besserer Mensch würde wohl vorziehen, die Bibel hätte ihre Gegenwartsbedeutung verloren, während Mephistopheles sein Menschenbild bestätigt sieht: «Der kleine Gott der Welt bleibt stets von gleichem Schlag» (V. 281).

Analog ist der Unterschied zwischen den beiden Dichtern hinsichtlich der Klassischen Antike. Für Dante sind Hektor und Äneas nicht weniger geschichtlich als Homer, Vergil oder Caesar (*Inf.* IV 122f.), Antigone nicht weniger als Euripides (*Purg.* XXII 106 und 110). Das ist ein wichtiger Unterschied zu Milton, der zwar ebenfalls an der wörtlichen Wahrheit der Bibel festhält – und zwar mit der größeren Engstirnigkeit des frühen Protestantismus, der allegorischen Lesarten gegenüber viel skeptischer ist als das Mittelalter, obzwar die typologische Deutung beibehalten wird (I 405). Aber dafür wird Milton nicht müde zu betonen, die heidnischen Mythen seien allesamt erlogen, auch wenn er sie sich poetisch

46 HA IX 124ff.

zunutze macht.[47] Die unfaire Ungleichbehandlung biblischer und heidnischer Geschichten ist vermutlich einer der Gründe, warum uns sein Werk weniger zeitlos erscheint als das von Dante oder Goethe. Dante denkt allgemein vorhistoristisch, Milton hingegen besonders dort, wo es um die Verteidigung seiner eigenen Religion geht.

Goethe dagegen erweckt die antike mythische Welt in der «Klassischen Walpurgisnacht» zum Leben, und der dritte Akt von *Faust II* beschreibt die Vereinigung von Faust und Helena. Aber die erste Episode stellt eine Welt antiker Gespenster dar (V. 6947), die nur in einer besonderen Nacht zum Leben erwacht, und der ontologische Status der zweiten Episode *innerhalb* des Dramas ist notorisch ambivalent – als sie zum ersten Mal 1827 separat publiziert wurde, hatte sie den Titel *Helena, klassisch-romantische Phantasmagorie, Zwischenspiel zu Faust*. Faust selber nennt sein Glück einen Traum (V. 9414). Aber wichtiger noch ist die nahezu entgegengesetzte Bewertung der Antike durch unsere Dichter. Für Dante handelt es sich um eine Welt voller großer Tugenden[48] und höchst inspirierender Dichtung und Philosophie,[49] aber, insofern sie heidnisch ist, wird sie vom vollen Besitz der Wahrheit ausgeschlossen: Vergil kann Dante nicht in das Paradies begleiten (*Inf.* I 124ff.), und das, was dieser Ausschluss letztlich bedeutet, verursacht seine Traurigkeit schon zu Beginn des *Purgatorio:*

> ‹... e disïar vedeste sanza frutto
> tai che sarebbe lor disio quetato,
> ch'etternamente è dato lor per lutto:
> io dico d'Aristotile e di Plato
> e di molt'altri›; e qui chinò la fronte,
> e piú non disse, e rimase turbato.

47 Vgl. I 746f., II 250f., IX 439ff., X 558. Milton gesteht heidnischen Mythen nur dann eine partielle Wahrheit zu, wenn sie als Verformungen biblischer Geschichten gedeutet werden können.

48 Vgl. *Convivio* IV 5.

49 Vgl. *Inf.* IV 73ff. zur «bella scola» («die schöne Schule») der antiken Dichter und IV 130ff. zu den antiken Philosophen und Wissenschaftlern. Die antike Dichtung zum goldenen Zeitalter verrate sogar einen Traum vom irdischen Paradies (*Purg.* XXVIII 139ff.). Es wäre der Mühe wert, Fausts arkadische Vision (V. 9506ff.) mit *Purg.* XXVIII 7ff. zu vergleichen.

‹… Auch habet ihr vergebens dürsten sehen
Männer, die Stillung hätten finden können,
Worüber sie nun ewig trauern müssen.
Ich meine Aristoteles und Platon
Und andre viel›; hier neigte er die Stirne
Und sprach kein Wort mehr und war ganz betrübet. (*Purg*. III 40ff.)

Zudem wird Helena – im *Faust* einer der edelsten Charaktere – von Dante nicht etwa in den Limbus versetzt, sondern in den zweiten Höllenkreis unter diejenigen, die wegen ihrer Wollust verdammt sind (*Inf.* V 64f.). Auf ähnliche Weise findet sich Manto als Wahrsagerin im vierten Graben der Malebolge bestraft (*Inf.* XX 52ff. – auch wenn *Purg*. XXII 113 sie in den Limbus zu verorten scheint), während Goethe Manto die wichtige Funktion zuweist, Faust bei der Suche nach Helena zu helfen. Ihre innere Ruhe (V. 7481) hindert sie nicht daran, Fausts Sehnsucht nach dem Unmöglichen zu bewundern, auch wenn dies eine radikal moderne Einstellung ist, die der antiken Welt noch fern war: «Den lieb' ich, der Unmögliches begehrt.» (V. 7488; vgl. V. 6420, 8964f.).

Dante misst wie Milton die antike Welt an den Wertmaßstäben seines christlichen Glaubens. Sicher will er von der Antike soviel wie möglich lernen – das durch den Fortgang des Werkes widerlegte «Io non Enëa, io non Paulo sono» («Ich bin Äneas nicht, nicht Paulus bin ich»; *Inf.* II 32) deutet früh darauf hin, dass er Erbe des Helden (und des Autors) der *Aeneis* ebenso ist wie des theologisch versiertesten Autors des Neuen Testaments. Aber von der Antike will er nur das übernehmen, was mit dem Christentum vereinbar ist. Für Goethe dagegen ist die antike Welt ein befreiendes Gegenmodell zu den Beschränkungen des mittelalterlichen und frühneuzeitlichen Christentums. Immer wieder verspottet er die bigotte Orthodoxie, die die griechischen Götter dämonisiert (V. 4271ff.), und die kirchlichen Autoritäten, die sowohl die Natur als auch den Geist verwerfen:

Natur und Geist – so spricht man nicht zu Christen.
Deshalb verbrennt man Atheisten,
Weil solche Reden höchst gefährlich sind.
Natur ist Sünde, Geist ist Teufel. (V. 4897ff.)

Der Homunculus setzt die klassische Welt, von der Faust träumt, der drückenden gotischen Weltanschauung entgegen, zu der auch Mephistopheles gehört:

> Das glaub' ich. Du aus Norden,
> Im Nebelalter jung geworden,
> Im Wust von Rittertum und Pfäfferei,
> Wo wäre da dein Auge frei! Im Düstern bist du nur zu Hause.
> *Umherschauend.*
> Verbräunt Gestein, bemodert, widrig,
> Spitzbögig, schnörkelhaftest, niedrig! (V. 6923ff.)

Das ist eine Verkehrung des negativen Urteils über den antiken Tempel, das der Architekt am Hofe des Kaisers in einer ekphrastischen Passage (V. 6409ff.)[50] gefällt hatte, eines Urteils, das später wieder aufgegriffen wird, wenn Phorkyas alias Mephistopheles die gotische Architektur auf Kosten der antiken preist (V. 9018ff.). Aber sosehr Goethe selbst die antike Welt in der Prosodie des dritten Aktes wiederzubeleben und eine Synthese des Klassischen und des Romantischen zu bieten versucht (V. 9377ff.), hindert ihn sein Philhellenismus nicht daran einzusehen, dass eine Rückkehr zur Vergangenheit unmöglich ist und dass arkadisches Glück (V. 9573) nur eine temporäre Illusion sein kann: Sowohl der Homunculus als auch Euphorion sterben, Helena verschwindet. Doch handelt es sich nicht einfach um eine Frage der Möglichkeit. Goethes Griechenlandbild ist realistisch genug, nicht die abstoßendsten und grausamsten Züge der hellenischen Welt zu ignorieren, die ihre Wiederbelebung moralisch verbieten. Gewiss ist es Phorkyas, der auf die kannibalistischen Neigungen und die Verstümmelungen der antiken Heroen verweist (V. 9013ff., 9053ff.), aber da die Stellen *Ilias* 22.436f. und *Aeneis* VI 495ff. wirklich existieren, müssen wir zugestehen, dass Phorkyas objektiv Recht hat, was auch immer die Motive für seine Aussagen sind. Auch wenn Goethe die Schönheit des heidnischen Polytheismus in vollen Zügen genießt, erkennt er doch an, dass das Ende der antiken Welt und der Aufstieg

50 Sie ist viel kürzer als die berühmte *ekphrasis* in *Purg.* X. Bei Milton findet sich eine knappe Kritik an der babylonischen und ägyptischen Architektur (I 692ff.).

des Christentums nicht einfach unheilvolle Ereignisse waren, sondern eine komplexere Form der Sittlichkeit vorbereiten halfen. Es ist die Christin Gretchen mit ihrer andächtigen Hingabe an Maria (V. 12069ff.; vgl. 3587ff.), die Fausts Seele in der letzten Szene empfangen wird; sie ist es, die ihn belehren wird (V. 12092f.). Helena wird in die eschatologische Wirklichkeit nicht integriert.

Trotz ihrer unterschiedlichen Bewertungen stimmen Dante und Goethe in ihrer grundlegenden Einteilung der Geschichte in heidnisches und christliches Zeitalter überein. Was bei Goethe neu ist, ist seine Wahrnehmung der epochalen Veränderungen, die in der Welt vor sich gehen. Wir haben schon von seiner kritischen Einstellung gegenüber der modernen Wissenschaft gesprochen, ebenso wie von seiner Beobachtung, dass die Technik die treibende Kraft der Zeit ist. In der Tat ist Goethe einer der ersten Theoretiker der gegenwärtigen Welt.[51] Lynkeus' Gesang «Zum Sehen geboren, / zum Schauen bestellt» erinnert den Leser an den Gesang der Erzengel zu Beginn des «Prologs im Himmel»: In beiden Fällen wird die Herrlichkeit der Schöpfung gefeiert (V. 249f., 267ff., 11291, 11303). Aber Lynkeus' Freude wird durch die Entdeckung des Feuers zerstört, das Philemons und Baucis' Hütte verzehrt; er beklagt sogar die Kraft seiner Augen, die ihn dazu zwingt wahrzunehmen, was er lieber nicht gesehen hätte (V. 11328f.). Lynkeus ist sich dessen bewusst, dass das Abbrennen der Hütte den Niedergang einer jahrhundertealten Lebensform symbolisiert: «Was sich sonst dem Blick empfohlen, / Mit Jahrhunderten ist hin.» (V. 11336f.) Es ist nicht einfach brutale Gewalt, die die Welt verändert. Die Moderne verdankt sich der neuen Vereinigung von Wissenschaft, Technik und Kapitalismus. Und in der Tat herrscht das ökonomische Thema im *Faust* vor, wie es jeder Analyse der modernen Welt geziemt. Schon Dante hatte sich besonders grausame Strafen für die Münzfälscher ausgedacht (*Inf.* XXIX 52ff., vgl. *Par.* XIX 140f.). Aber nur Goethe – inspiriert durch die Finanzkrise in Frankreich, die auf die Pläne John Laws folgte – begriff die geschichtliche Bedeutung der Einführung von Papiergeld und der Inflation, die diese nach sich ziehen kann (V. 6037ff.) – einer Inflation, die zu weiterer Aus-

51 Vgl. M. Jaeger, *Fausts Kolonie. Goethes kritische Phänomenologie der Moderne*, Königshausen & Neumann, Würzburg 2005.

beutung der Natur ebenso wie zu Kriegen führt, die vom modernen Handel nicht abgetrennt werden können: «Krieg, Handel und Piraterie, / Dreieinig sind sie, nicht zu trennen.» (V. 11187f.)[52] Wir werden auf diese Verse zurückkommen.

Die menschliche Geschichte wird nicht nur durch Wissenschaft, Technik und Wirtschaft vorangetrieben – die Einflussnahme der Politik ist entscheidend. In beiden Dichtungen spielt die politische Sphäre eine wichtige Rolle, und für beide Dichter ist die Figur des Kaisers zentral. Aber der Kontrast ist auffallend. Der Autor von *De monarchia* lebte in einer Zeit, in der es vernünftig schien, vom Reich eine Lösung für Italiens Probleme zu erhoffen (*Purg.* VI 88ff.); Goethe vollendete den zweiten Teil seiner Dichtung nach der Auflösung des Heiligen Römischen Reiches, bei der Krönung von dessen drittletztem Monarchen 1764 in Frankfurt er selbst zugegen gewesen war und die Schwäche von dessen Institutionen er als junger Rechtspraktikant am Reichskammergericht in Wetzlar persönlich erlebt hatte. Aber es ist nicht primär der geschichtliche Abstand, der die unterschiedlichen Einstellungen der beiden Dichter hinsichtlich der Politik erklärt. Goethe war sein ganzes Leben lang ein Höfling und der Favorit eines (Groß-)Herzogs; er hatte an höfischen Festzügen teilgenommen und stellt einen solchen in der Szene «Weitläufiger Saal» plastisch dar. Das Scheitern der Politik, das er beobachtete, löste bei ihm Ironie aus, vielleicht Sarkasmus – mehr nicht.

Dante andererseits verfasste die *Commedia* im Exil, und das Leiden an der Verbannung, das Farinata und Cacciaguida ihm voraussagen (*Inf.* X 79ff.; *Par.* XVII 37ff.), erzeugte einen Hass und eine Rachsucht, die Goethe niemals Grund hatte zu empfinden. Zudem hatte das 18. Jahrhundert – zeitweise – die hässlichere Seite der menschlichen Natur gebändigt; das Grauen der politischen Machtkämpfe, die das italienische Mittelalter charakterisierten und im «Contrapasso» des *Inferno* widergespiegelt werden, hatte sich im Lauf des Prozesses der Zivilisation auf Ausbrüche während der Kriegszeiten begrenzt. Ohne den Hauch eines Zweifels ist ein Grund für die rasche Zunahme an Dante-Studien in den letzten

52 Vgl. die großartige Analyse des Ökonomen H. C. Binswanger, *Geld und Magie. Eine ökonomische Deutung von Goethes Faust*, Murmann Verlag, Hamburg [2]2005.

Jahrzehnten (auch wenn dieser Grund selten zugestanden wird) das Gefühl, dass leider Dantes dunkle politische Anthropologie nicht in die entfernte Vergangenheit verdrängt werden kann und dass die Ungeheuerlichkeiten, die er beschreibt, mehr Licht auf die Geschichte des gewalttätigsten aller Jahrhunderte werfen, nämlich des zwanzigsten, als Goethes Menschenbild, das seine Wurzeln in Humanismus und Aufklärung hat.[53] Das *Inferno* lebt von Dantes außerordentlicher Sensibilität für die seelischen Kräfte hinter den entsetzlichen und pathologischen Umständen seiner Gegenwart.

Goethes Beschreibung der Politik im ersten und vierten Akt von *Faust II* ist desillusioniert, aber Goethe verfährt spielerisch, auch wenn er die Kämpfe zwischen Guelfen und Ghibellinen erwähnt, die die italienische Politik zu Dantes Zeit vergifteten (V. 4845f., 10771ff.). Der Kaiser in *Faust II* ist oberflächlich und unverantwortlich, und Goethes Kritik der Kirche ist höhnisch. Schon im ersten Teil erzählt uns Mephistopheles, wie der Priester, den Gretchens Mutter ruft, nachdem die Tochter die Juwelen gefunden hat, diese einsteckt, «als wären's eben Pfifferling» (V. 2844). Ironisch gibt er dessen Rede wieder: «Die Kirche hat einen guten Magen, / Hat ganze Länder aufgefressen, / Und doch noch nie sich übergessen ...» Im zweiten Teil sehen wir den Kanzler-Erzbischof mehrere Male zum Kaiser zurückkehren, um diesem für die Sühne seiner Schuld – die darin besteht, dass er in der Schlacht gegen den Gegenkaiser schwarze Magie eingesetzt hat – mehr und mehr finanzielle Verpflichtungen aufzubürden. Die Verknüpfung der Erzeugung von Gewissensqualen mit der Bereicherung der Kirche, auch und gerade in Langzeitperspektive, wird eminent witzig beschrieben, und am Ende kann der Kaiser nur seufzen: «So könnt' ich wohl zunächst das ganze Reich verschreiben.» (V. 11042) Aber beide Szenen sind komische Szenen, und da der erste Bericht von Mephistopheles stammt, der seinen Plan zerstört sieht, Gretchen mittels der Juwelen verführen zu lassen, und im zweiten Fall der Leser genau weiß, dass der Kaiser seinen Sieg in der Tat Mephistopheles' Eingriff verdankt, erzeugt Goethe keine wirkliche Empörung über die Kirche. Man muss eine Institution geliebt haben, um ihre unwür-

53 Es ist nur konsequent, dass der tiefste Theoretiker des Holocaust, Primo Levi, seinem letzten Buch den Titel *I sommersi e i salvati (Die Untergegangenen und die Geretteten)* gab, offenkundig Bezug nehmend auf *Inf.* IV 63 und XX 3.

digen Repräsentanten zu hassen, und Goethes Erwartungen hinsichtlich der Kirche waren nicht hoch genug, um durch deren menschliche, allzumenschliche Habsucht erschüttert zu werden: Er macht sich lediglich über sie lustig. Trotz des Titels ist es der *Faust*, und nicht die *Commedia*, bei dessen Lektüre man immer wieder in Lachen ausbricht.

Dantes religiöse Identifikation mit der Kirche dagegen entlädt sich in Hasstiraden gegen einzelne unwürdige Amtsträger. Sie erreichen ihren Höhepunkt in der Darstellung des Papstes, der in dem Jahr regierte, in dem die in der *Commedia* berichtete Geschichte angeblich statthatte, nämlich Bonifaz' VIII. Nikolaus III., der wegen Simonie bestraft wird, verwechselt zunächst Dante mit Bonifaz, und Dante wird ob dieser unbeabsichtigten Beleidigung so sprachlos, dass Vergil ihm seine Antwort diktieren muss, die eine doppelte Verneinung enthält: «Non son colui, non son colui che credi» («Ich bin nicht der, ich bin nicht der Vermeinte»; *Inf.* XIX 62). In *Inf.* XXVII wird Bonifaz nicht einmal namentlich genannt (auch Beatrice wird *Par.* XXX 148 auf ihn nur mit «quel d'Alagna», «den von Alagna», Bezug nehmen), aber Guido da Montefeltro führt alle Verbrechen des «gran prete, a cui mal prenda!» («der Papst, der Teufel mag ihn holen»; *Inf.* XXVII 70), auf, «lo principe d'i novi Farisei» («Jedoch der Fürst der neuen Pharisäer»; *Inf.* XXVII 85). All dies ist mit einer grundsätzlichen Achtung für das Amt verträglich, das entwürdigt wurde, als Philipp IV. von Frankreich den Papst gefangen nahm (*Purg.* XX 85ff.). Die Unterscheidung zwischen heiligem Amt und unwürdigen Amtsinhabern (*Par.* XII 89f.) wird in der unglaublich heftigen Verurteilung seines Nachfolgers durch den Heiligen Peter bekräftigt:

> Quelli ch'usurpa in terra il luogo mio,
> il luogo mio, il luogo mio, che vaca
> ne la presenza del Figliuol di Dio,
> fatto ha del cimitero mio cloaca
> del sangue e de la puzza ...

> Der meine Stelle an sich riß auf Erden,
> Ja, meine Stelle, die im Angesichte
> Des Gottessohnes unbesetzt geblieben,
> Der machte meine Grabesstatt zum Pfuhle
> Von Blut und Unrat ... (*Par.* XXVII 22ff.)

Es gibt im ganzen Werk Goethes kaum etwas, das an diese sprachliche Gewalt heranreicht. Dantes polemische Wucht unterbricht sogar die subtilsten metaphysischen Disputationen: In der großen Metaphysik der Schöpfung in *Par.* XXIX hat es Platz für Angriffe gegen das Verkaufen von Ablass und andere gewinnorientierte religiöse Praktiken. «Di questo ingrassa il porco sant'Antonio / e altri ancor che sono ancor piú porci, / pagando di moneta sanza conio.» («So wächst das Schwein des Heiligen Antonius / Und andre auch, die noch viel größre Schweine / Und die mit ungeprägter Münze zahlen»; *Par.* XXIX 124ff.).

Milton nimmt hier wieder eine Mittelstellung ein: Anders als der liberale Lutheraner Goethe verbannt der englische Puritaner den katholischen Aberglauben in den von ihm geschaffenen Limbus der Eitelkeit, der neben den Selbstmördern Empedokles und Kleombrotos, dem Kallimachos' 24. Epigramm gilt, «Embryos and Idiots, Eremites and Friars / White, Black, and Grey, with all their trumpery» (III 474f.) sowie Pilger ins Heilige Land beherbergt, «that stray'd so far to seek / In Golgotha him dead, who lives in Heav'n» (III 476f.). Geistliche Kleidung, Reliquien, Ablässe und päpstliche Bullen werden von den Winden in das «Paradise of Fools» (III 496) weggeweht. Man spürt die tiefe Abneigung gegen Andersgläubige, auch wenn sie weniger hasserfüllt ist als bei Dante. Nach der Restauration, die ihn zeitweise ins Gefängnis brachte, aber wenigstens nicht verbannte, hat Milton kaum Hoffnung auf den innerweltlichen Triumph der Kirche und wartet auf die Parusie. Seine Kritik an unwürdigen Geistlichen (XII 507ff.) klingt ähnlich scharf wie bei Dante (immerhin ist, etwas respektvoller, von Wölfen statt von Schweinen die Rede), wird aber von einem letztlich melancholischen Geist getragen, der Dante fremd war: «So shall the World go on, / To good malignant, to bad men benign.» (XII 537f.)

Dante wendet sich nicht nur gegen religiöse Führer, sondern bietet auch eine lange Liste verworfener christlicher Könige (*Par.* XIX 115ff.), die gewissermaßen die Liste christlicher Herrscher ergänzt, die im Vorfegefeuer warten (*Purg.* VII 88ff.). Es versteht sich von selbst, dass Dantes Werturteile oft historisch ungenau, manchmal geradezu absurd ungerecht sind, und zwar in der Verdammung ebenso wie im Lobpreis: Man denke nur an Justinian. Nicht, dass man Dante vorwerfen kann, Prokop noch nicht gekannt zu haben, aber seine Idealisierung tut der Realität und ihren Schattierungen im Grunde ähnlich Gewalt an wie seine Hasstiraden; sie ist nur möglich in einer Ära vor der Entstehung einer kritischen Geschichtsschreibung. Wahrscheinlich haben sich die meisten Leser Dantes, wenn es ihnen denn möglich war, sich dem Zauber seiner poetischen Gewalt zu entziehen, immer wieder bestürzt gefragt: Aber wie konnte denn dieser Mann es wagen, den Anspruch zu erheben zu wissen, wo die Seelen seiner Zeitgenossen, von denen einige noch lebten (Branca Doria überlebte Dante sogar), enden würden? Gewiss ist die Subtilität seiner Werturteile immer wieder überwältigend – man denke nur an Cato, der den Läuterungsberg bewacht, obgleich er ein Heide war, Selbstmord beging und gegen die Errichtung jener politischen Institution kämpfte, die Dante selbst befürwortete, der des Reiches.[54] Gewiss hat Dante auch die Opfer der schrecklichsten Strafen verewigt und manchen von ihnen eine außerordentliche Würde zuerkannt.[55] Aber rechtfertigt dies deren Behandlung? Goethe vermeidet eine solche Vorwegnahme des göttlichen Gerichts, indem er seinen Kaiser und seinen Bischof ohne Namen lässt und damit jede konkrete Bezugnahme auf historische Individuen vermeidet. Und in der Gestalt Valentins hat er seiner Antipathie gegenüber moralistischer Selbstgerechtigkeit beredtsten Ausdruck verliehen, obgleich selbst dieser bei seiner öffentlichen Demütigung der Schwester die Möglichkeit offen lässt, dass Gott ihr verzeihe (V. 3762).

54 Das überraschte schon frühe Kommentatoren wie Benvenuto von Imola (vgl. Auerbach, op. cit., 60f.). Vgl. auch R. L. Martinez, *Cato of Utica*, in: *The Dante Encyclopedia*, hg. von R. Lansing, Garland, New York, London 2000, 146–149.

55 Von Brunetto Latini war schon die Rede. Pier della Vigna, der für seinen Selbstmord büßt, betont mit Nachdruck, er habe den ihm vorgeworfenen Verrat gegenüber Friedrich II. nie begangen, habe also nur gegen sich selbst ungerecht gehandelt: «L'animo mio, per disdegnoso gusto, / credendo col morir fuggir disdegno, / ingiusto fece me contra me giusto.» («Da ließ mein Geist, voll grimmiger Verachtung, / im Glauben, durch den Tod die Schmach zu fliehen, / Mich gegen mich Gerechten unrecht handeln»; *Inf.* XIII 70ff.) Farinata wird als «magnanimo» bezeichnet, «großgemut» (*Inf.* X 73).

# Philosophie und Religion

Die zwei philosophischen Dichtungen beschreiben nicht nur Natur und Geschichte, sie umfassen auch ein transzendentes Reich – oder verweisen wenigstens darauf. In der Tat spielt fast die ganze *Commedia* in den drei Reichen der jenseitigen Welt, auch wenn Dante nur dank dieser Reise dazu befähigt wird, den wahren Sinn der Welt, in der er lebt, zu begreifen. Und da Dante ein realer Mensch ist, ist sein Werk wesentlich ‹diesseitiger› als *Paradise Lost*. Im Falle von *Faust* ist die transzendente Welt weniger offenkundig. Auch wenn sie im «Vorspiel auf dem Theater» (V. 242) angekündigt wird, in dem die Lustige Person freilich kontrapunktisch auf das «volle Menschenleben» (V. 167) verweist, scheint sie doch auf den «Prolog im Himmel», die beiden letzten Szenen von *Faust II* und vielleicht den Gesang der Engel, der Faust von seinem geplanten Selbstmord zurückhält (V. 737ff.), und die Stimme von oben beschränkt, die Gretchens Rettung verkündet (V. 4611). Der Prolog stellt einen anthropomorphen Gott, eine Darstellungsweise, die Dante bewusst vermeidet, der sich erst ganz am Ende der letzten Realität nähert, die nie als ein konkreter Charakter beschrieben wird. Auch wenn Goethes Szene nach dem Vorbild der Bibel (*Hiob* 1) gestaltet ist, hätte die Zulassung des Teufels an den göttlichen Hof zu dem Zwecke, dass er von Gleich zu Gleich mit dem Herrn disputieren kann, Dantes religiöse Gefühle wohl verletzt. Immerhin ist es nur die Perspektive von Mephistopheles, dass Gott mit dem Teufel «menschlich» spricht (V. 353).

Da Mephistopheles bald unsere Aufmerksamkeit fesselt und damit von Gott abzieht, stört uns das Missliche eines menschengestaltigen Gottes kaum, während dagegen Miltons Gottesdarstellung das Unerträglichste an seinem Werke ist.[56] Ein allmächtiges und allwissendes Wesen, das sich in langatmigen theologischen Erörterungen ergeht, Befehle erteilt und seine verletzte Ehre verteidigt, ist nichts weniger als absurd, sosehr sich auch Milton darum bemüht hat, die unerfreulichsten Züge des alttestamentlichen Got-

56 Vgl. das berühmte Buch von William Empson, *Milton's God*, Chatto & Windus, London 1961.

tesbegriffes abzumildern. Alexander Popes sarkastisches Urteil über Miltons Gott «And God the Father turns a School-Divine»[57] ist vernichtend, denn bei allem Respekt für Theologen: Ist es der göttlichen Majestät nicht eher abträglich, wenn Gott nach Art eines Professors vorgestellt wird? Es ist religiöser, auf eine konkrete Darstellung Gottes ganz zu verzichten, als eine zu liefern, die dazu verdammt ist, lächerlich zu werden.

In meinen Augen ist es eine krasse Vereinfachung, wenn man Dante als Theisten von Goethe als Pantheisten zu unterscheiden sucht. Obgleich Goethes Ironie offenkundig ist, ist doch er es, der Gott als konkrete Person vorstellt, nicht Dante, der in seiner Darstellungsweise von Miltons traditionellem Gottesbegriff noch weiter entfernt ist als Goethe. Es ist auch nicht korrekt zu sagen, dass sich nur nach Goethe Gott wesentlich in der Welt manifestiert. Auch Dantes Gott ist nicht einfach transzendent; er ist vielmehr in den verschiedenen Stufen der Wirklichkeit präsent, die durch seine Liebe in Bewegung gesetzt werden: «La gloria di colui che tutto move / per l'universo penetra, e risplende / in una parte piú e meno altrove.» («Die Glorie des Bewegers aller Dinge / Dringt durch das Weltall, und von ihr erstrahlen / Mehr oder minder die verschiednen Sphären»; *Par.* I 1ff.) Beide Autoren sind in einem weiten Sinne des Begriffs Platoniker, auch wenn Dante hauptsächlich Aristoteles und Thomas von Aquin studierte, daneben Albert den Großen und die lateinischen Averroisten (siehe *Par.* X 133ff. über Siger von Brabant). Goethe hingegen, der ein weniger technischer Philosoph als Dante war, zog die pansophische Tradition und Spinoza vor und fühlte natürlich den Einfluss Schellings, dem er eine Professur in Jena angeboten hatte. Trotz weitreichender Ähnlichkeiten hinsichtlich der Interpretation der Gegenwart Gottes in der Welt durch die beiden Dichter bleibt es aber wahr, dass nur Dante eine Lehre von Gott, wie er unabhängig von seiner Schöpfung existiert, ausgearbeitet hat, während im *Faust* Gott nichts ist als ein letzter Bezugs-

57 *The Poems of Alexander Pope*, Bd. IV: *Imitations of Horace*, hg. von John Butt, Methuen/Yale University Press, London, New Haven 1939, 203. Es handelt sich um Vers 102 von Popes kongenialer Übertragung des zweiten Briefes des zweiten Buches von Horaz, die die lateinische durch die englische Literaturgeschichte ersetzt.

punkt. Der Ausgangspunkt ist die Welt, die freilich etwas symbolisiert, was sie transzendiert. Aber wir haben aus dieser farbigen Welt das Beste zu machen, anstatt zu versuchen, in das reine Licht der Transzendenz zu entfliehen.

Der wichtigste theologische Unterschied zwischen den beiden Dichtern hat mit der Funktion des Bösen zu tun. Obgleich metaphysisch ein Monist, setzt Dante doch Gut und Böse einander scharf entgegen. Aber woher kommt das Böse? Ist eine Erklärung des Bösen als einer reinen Privation des Guten plausibel, wenn man die Energie des Bösen bedenkt, die von Dante phänomenologisch so ausgezeichnet beschrieben wird? Löst die Lehre vom freien Willen, dessen Existenz Dante mit Nachdruck verteidigt – wobei er gleichzeitig seine Vereinbarkeit mit göttlichem Vorauswissen lehrt (*Purg.* XVI 52ff., XVIII 64ff., *Par.* XVII 13ff.) –, wirklich das Problem der Theodizee, wenn man einmal anerkannt hat, dass der freie Wille nur wirken kann, wenn ein allwissender Gott ihn geschaffen hat?[58] In der Zeit des Deutschen Idealismus führte dieses Problem zu der theoretisch plausiblen, wenn auch praktisch beunruhigenden Antwort, dass das Böse ein Moment in der Selbstentfaltung des Absoluten ist. In der Tat erkennt Gott selbst die positive Funktion von Mephistopheles in der Entwicklung Fausts an (V. 342ff.). Es ist nicht nur Mephistopheles selbst, der sich als «Ein Teil von jener Kraft, / Die stets das Böse will und stets das Gute schafft» (V. 1335f.) vorstellt, oder die Sphinx, die in ihrem Gespräch mit ihm erklärt: «Dem frommen Manne nötig wie dem bösen» (V. 7134). Sicherlich ist Mephistopheles böse, wie sowohl Gretchen als auch Helena fühlen (V. 3469ff., 9072f.); sein kurzer Satz über Gretchen, die auf ihre Hinrichtung wartet, «Sie ist die erste nicht» (aus der Szene «Trüber Tag. Feld»), belegt dies zweifelsohne. Gleichzeitig ist Mephistopheles intelligent, witzig und am Ende sogar komisch – sicher der faszinierendste Teufel der Weltliteratur. Gerade darin besteht die große moralische Gefahr des *Faust*.

58 Auch Milton verteidigt oft und mit Nachdruck die menschliche Willensfreiheit, durchaus in Absetzung vom Mainstream-Calvinismus seiner Zeit. Siehe etwa III 96ff., IV 66ff., V 235ff., 524ff., VIII 640f., IX 348ff., 1173f., X 9, 43ff. Für die gefallenen Engel freilich ist das Verhältnis von freiem Willen, Vorauswissen und Vorsehung ein Labyrinth, aus dem sie keinen Ausweg finden (II 558ff.).

Miltons Satan dagegen ist niemals unterhaltsam. Allerdings ist er die komplexeste Figur des Werkes nur deswegen, weil Milton ihn keineswegs als bloßes Scheusal darstellt – seine interesselose Bosheit, die andere ins Unglück stürzen will, obgleich er selber nicht davon profitiert (IX 126ff.), wird begleitet von großen Sekundärtugenden. Satan ist furchtlos (IX 56f.), unbeirrbar (I 252ff.), ohne Zögern willens, die mit seinem Rang einhergehenden Risiken zu übernehmen (II 450ff., VI 246ff.), und intelligent genug, auf List zu setzen, nachdem er mit physischer Gewalt nicht durchgedrungen war – kurz, er hat die Tugenden und Laster eines aristokratischen Heros (vgl. II 249, XI 690). Freilich ist es Miltons Anliegen, gerade das Wertesystem dieser vormodernen inegalitären Welt als widerchristlich zu verdammen – man denke nur an Michaels Abscheu vor den Gottessöhnen und Riesen (XI 683ff.) sowie vor dem Tyrannen Nimrod (XII 24ff.): «great exploits, but of true virtue void» (XI 790). Vico wird im 18. Jahrhundert eine ähnliche moralisch-politische Sensibilität mit einem modernen historischen Bewusstsein verbinden.

Man sollte nicht von vornherein bestreiten, dass die Integration des Bösen in einen dialektischen göttlichen Plan theoretisch befriedigender ist als das Oszillieren zwischen einem Monismus des Seins und einem radikalen Dualismus von Gut und Böse. Immerhin findet sich auch bei Dante isoliert der Gedanke, der auf eine uralte Tradition zurückblickt, Gott lasse das Übel nur zu, weil es ein uns noch unerkennbares Gut vorbereite. Dieser Lösungsversuch für das Theodizeeproblem wird gerade nach den vielleicht härtesten Vorwürfen vorgebracht, die Dante an seinen Gott richtet und die auf eine Apostrophe an den abwesenden Kaiser folgen.

> E se licito m'è, o sommo Giove
> che fosti in terra per noi crucifisso,
> son li giusti occhi tuoi rivolti altrove?
> O è preparazion, che ne l'abisso
> del tuo consiglio fai, per alcun bene
> in tutto de l'accorger nostro scisso?

> Und wenn man fragen darf, o höchster Vater,
> Der du dereinst für uns ans Kreuz geschlagen,
> Sind deine Richteraugen abgewendet?

Oder hast du im Abgrund deines Rates
Uns etwas Gutes damit vorbereitet,
das unsrem Forschen ganz und gar verschlossen? (*Purg.* VI 118ff.)

Aber die Tatsache, dass auch sie eine Rolle im Plane Gottes spielen mögen, mindert keineswegs Dantes Hass gegen die Verworfenen.

Bei Milton, der sich in seinem Werk vornimmt, «and justify the ways of God to men» (I 26), ist dieser Gedanke allgegenwärtig. Zwar findet sich Satan nicht damit ab, dass aus seinem Bösen Gutes wird:

If then his Providence
Out of our evil seek to bring forth good,
Our labor must be to pervert that end,
And out of good still to find means of evil. (I 162ff.)

Doch Satan irrt. Wie die Engel zu Gott singen:

Who seeks
to lessen thee, against his purpose serves
To manifest the more thy might: his evil
Thou usest, and from thence creat'st more good.
(VII 613ff.; vgl. VII 187f., XII 565f.)

Das Böse kann nur geschehen, weil Gott es zulässt (I 240f., 366, III 685, VI 674, 700f., VIII 237, X 616ff. ), ohne doch deswegen darauf zu verzichten, diejenigen zur Rechenschaft zu ziehen, die dafür direkt verantwortlich sind (I 211ff.). Zwar schließt Michaels großen Bericht der Ausdruck «happy end» (XII 605) ab, aber die Verdammten haben an diesem *happy end* nicht teil. Adam und Eva werden zwar durch die Menschwerdung erlöst werden, und im Sinne der alten Lehre von der *felix culpa*, der glücklichen Schuld, kann Adam am Ende seiner Aufklärung durch Michael sogar daran zweifeln, ob angesichts seiner Tat, die die Inkarnation zur Folge haben wird, Reue angemessen ist.

Full of doubt I stand,
Whether I should repent me now of sin
By mee done and occasion'd, or rejoice
Much more, that much more good thereof shall spring,
To God more glory, more good-will to Men
From God, and over wrath grace shall abound. (XII 473ff.)

Aber nach Milton gilt dies sicher nicht für alle Schuld, die durch die Weigerung, sie zu bereuen, noch vermehrt würde.

Der Reiz des Mephistopheles besteht paradoxerweise auch darin, dass er alle möglichen Laster in sich vereint – er ist gleichzeitig lüstern, intelligent-manipulativ und gewalttätig. Dante hingegen verteilt die Laster auf die verschiedenen Kreise der Hölle bzw. die Terrassen des Läuterungsberges. Die komplexe Architektonik von *Inferno* und *Purgatorio* wird Dante von Vergil erklärt (*Inf.* XI 16ff. bzw. *Purg.* XVII 85ff.): jene unter Bezugnahme (*Inf.* XI 79ff.) auf den Beginn des siebten Buches der *Nikomachischen Ethik* des Aristoteles, der eigenwillig uminterpretiert wird, diese in weitgehender, jedoch nicht vollständiger Übereinstimmung mit der christlichen Lehre von den sieben Hauptsünden. Wo Goethe, und in einem geringeren Grade[59] auch Milton, die absolute Intensität des Bösen vorführt, bietet Dante ein breites Panorama, das das scholastische und pastorale Interesse an Systematisierung von Lastern und Sünden befriedigt. Zentral ist in Dantes Bewertung die Überzeugung, dass Falschheit schlimmer ist als bloße Gewalt – daher werden die Diebe im siebten, die Münzfälscher im zehnten Graben der Malebolge (*Inf.* XXIVf., XXIXf.), also innerhalb des achten Kreises bestraft, die Räuber hingegen (*Inf.* XI 37f.), ja, selbst die gewalttätigsten Tyrannen im ersten Streifen des siebten Kreises (*Inf.* XII 104ff.).[60] Vermutlich hält dagegen Goethe den Raubmord an Philemon und Baucis für Fausts größte Sünde, die schwerer wiegt als die von ihm ausgelöste Inflation. Allerdings würde auch Goethe in Mephistopheles' manipulierender Bearbeitung Fausts (11259ff.) das eigentliche Siegel seiner Bosheit erkennen.

59 Ich sage «in einem geringeren Grade», da am Anfang des zweiten Buches unterschiedliche Typen gefallener Engel vorgeführt werden. Aber die Charaktere bleiben abstrakt, und die Differenzierungen reichen nicht einmal entfernt an diejenigen Dantes heran.

60 W. H. V. Reade, *The Moral System of Dante's Inferno*, Clarendon, Oxford 1909, 48ff. weist zu Recht darauf hin, dass Dante hier von Thomas von Aquin abweicht, der den Raub für ein schwereres Unrecht hält als den Diebstahl (*Summa theologiae* II/II q. 66 a. 9). Auch sonst weicht Dante gelegentlich von Thomas ab, der etwa im Fegefeuer nur Feuerstrafen annimmt (*Summa theologiae* Suppl. q. 97 a.1 ad 2).

In einer Frage konvergieren freilich Dante und Goethe. Sie geben sich beide viel Mühe, die teuflische Sphäre als ein Bild der göttlichen darzustellen – doch als ein Bild in einem Zerrspiegel. Die zehn Gräben der Malebolge spiegeln die zehn Sphären des Paradieses, und der 34. Canto des *Inferno* ist voller Inversionen religiöser Symbole und geistlicher Sprache: Der erste Vers auf Latein zitiert in den ersten drei Worten einen Hymnus von Venantius Fortunatus, fügt dann aber hinzu «inferni»; im «Ecco Dite» («Hier ist der Dis»; *Inf.* XXXIV 20) klingt das «Ecce homo» aus *Joh.* 19, 5 wider; gleichzeitig wird auf den römischen Gott der Unterwelt Dis angespielt. Die drei Gesichter von Luzifer (*Inf.* XXXIV 37ff.) manifestieren eine pervertierte Trinität.[61] Analog führt Goethe *drei* Helfer Mephistopheles' ein, und zwar mit den sprechenden Namen Raufebold, Habebald und Haltefest. Man könnte argumentieren, dass Goethe die Dreieinigkeit nicht im Sinn haben kann, da diese Lehre in seinem Werk keine Rolle spielt und er sich explizit auf 2. *Sam* 23, 8 bezieht (nach Vers 10322). Aber unmittelbar vor ihrer gemeinsamen Rede spielt Mephistopheles auf die Trinität an – in jenen schon zitierten Versen zu Krieg, Handel und Piraterie: «Krieg, Handel und Piraterie, / Dreieinig sind sie, nicht zu trennen» (V. 11187f.). Nach Fausts Tod zitiert Mephistopheles auf blasphemische Weise *Joh.* 19, 30: «Es ist vollbracht.» (V. 11594) Die göttliche Rache erfolgt, wenn Mephistopheles sich in die Engel zu verlieben beginnt (vgl. V. 11756ff., 11794ff.): Seine homosexuelle Leidenschaft ist das Zerrbild der Liebe, die Faust retten wird (V. 11949ff.).[62]

61 In einem faszinierenden Artikel hat Nikulin auf analoge Weise versucht, Licht auf *Inf.* VII 1 zu werfen; vgl. D. Nikulin: *The Distorting Mirror of Hell (On the Interpretation of Pluto's Words in Dante's ‹Inferno› VII, 1)*, in: Orbis Litterarum 55 (2000) 250–262.

62 Dieses Prinzip ist auch bei Milton konsequent durchgeführt. Die Ratsversammlung der gefallenen Engel im zweiten Buch spiegelt die des göttlichen Hofes im dritten, Satan wird ausdrücklich mit Gott verglichen (II 506ff.). Die inzestuöse Beziehung zwischen Satan und seiner Tochter Sünde, die zur Geburt des gemeinsamen Sohnes Todes führt, wird als Parodie der Beziehung von Gott Vater und Messiah präsentiert (II 727ff., auch wenn 757f. auf die Geburt Athenas aus dem Haupte Zeus' anspielt). Satans erste Versuchung Evas, und zwar während eines Traumes, ironisiert die Kommunion (V 67ff.). Einzelne Verkehrungen religiöser Geschichten und Termini in teuflischem Kontext finden sich etwa I 222ff., 338ff., VI 156, IX 66, X 313.

Eine Konsequenz der Veränderung im Gottesbegriff ist die Auflösung der eschatologischen Grenzen. Faszinierend an der letzten Szene von *Faust* ist die Verbindung von Fegefeuer und Paradies. In den «Bergschluchten» sehen wir eine Büßerin wie Gretchen, Seelen, die als Kinder starben und sich noch in dem Prozess befinden, von den anderen Gliedern der eschatologischen Gemeinschaft zu lernen (V. 12080ff.),[63] Heilige wie Maria Aegyptiaca, Kirchenväter und -lehrer ebenso wie Maria selbst – Gestalten, die von Dante in zwei verschiedene Reiche, und innerhalb dieser auf unterschiedliche Terrassen und Sphären, verteilt werden. Goethes Eschatologie ist weniger hierarchisch – in der Tat akzeptiert er die Lehre von der Apokatastasis, den Glauben, dass jeder gerettet werden wird.[64] Die Engel singen:

> Die sich verdammen,
> Heile die Wahrheit;
> Daß sie vom Bösen
> Froh sich erlösen,
> Um in dem Allverein
> Selig zu sein. (V. 11803ff.)

Diese Verse müssen jedoch mit dem dunklen Ende des dritten Aktes kontrastiert werden, in dem die Mitglieder des Chors in Naturgeister verwandelt werden und ihre Persönlichkeit verlieren:

> Zwar Personen nicht mehr,
> Das fühlen, das wissen wir,
> Aber zum Hades kehren wir nimmer.
> Ewig lebendige Natur
> Macht auf uns Geister,
> Wir auf sie vollgültigen Anspruch. (V. 9986ff.)

Der Verlust der Individualität kann durch großartige Leistungen verhindert werden, aber auch durch Treue, wie in dem Fall der Panthalis:

63 Zu Dantes Position hinsichtlich der Einbeziehung der Kinder in das Paradies vgl. *Par.* XXXII 40ff.

64 Vgl. A. Schöne, *Fausts Himmelfahrt: zur letzten Szene der Tragödie*, Carl Friedrich von Siemens Stiftung, München 1994.

Wer keinen Namen sich erwarb noch Edles will,
Gehört den Elementen an; so fahret hin!
Mit meiner Königin zu sein, verlangt mich heiß;
Nicht nur Verdienst, auch Treue wahrt uns die Person. (V. 9981ff.)

Es ist mir hier nicht möglich, die Komplexitäten und Ambivalenzen in Goethes Glauben an die Unsterblichkeit zu analysieren; der scheinbare Widerspruch im *Faust* mag sehr wohl bewusst die unterschiedlichen Einstellungen der griechischen und der christlichen Welt reflektieren. An anderen Stellen hat Goethe freilich selber die Lehre einer selektiven Unsterblichkeit für außerordentliche Charaktere akzeptiert.

Klar ist jedenfalls, dass Goethe, anders als Dante und Milton, nicht mehr an die Hölle glaubt. Der Niedergang dieses Glaubens wurde durch die Aufklärung beflügelt, aber schon einige griechische Kirchenväter, wie Origenes und Gregor von Nyssa, hatten die Idee einer ewigen Verdammnis nicht akzeptiert. Es wäre deshalb absurd, wollte man allein wegen der Ablehnung der Hölle Goethes Zugehörigkeit zur christlichen Tradition bestreiten. Er vertritt freilich eine späte Phase in der Entwicklung des Christentums, die sowohl durch die Reformation als auch durch die Aufklärung geprägt ist, aber gleichzeitig offen ist für zentrale Ideen des traditionellen Christentums, ja sogar eine starke Sympathie für den Volkskatholizismus hegt, wie ihn Gretchen lebt.

Auch der Pilger Dante hat am Anfang seiner Reise Schwierigkeiten zu akzeptieren, dass die göttliche Liebe die Hölle erschaffen haben könnte (*Inf.* III 6, 12). Seine Ohnmacht aus Mitleid mit Francesca und Paolo (*Inf.* V 140ff.) ist freilich in den Augen des Dichters Dante eine Schwäche des Pilgers Dante, die unter anderem durch die verführerische Version, die Francesca von ihrer eigenen Geschichte erzählt, ausgelöst wird. Aber der Pilger wird lernen müssen, dass die Liebe, von der Francesca redet (*Inf.* V 100, 103, 106, 125, 128), nicht die wahre Liebe ist, die Dante der Dichter in seinem Buch besingt, das anders als der Lancelot-Roman Menschen zum Heil bringen soll, und dass die Selbstinterpretationen der Verdammten meist nicht objektiv, sondern vielmehr ein weiteres Indiz ihrer Schuld sind. Während seiner Reise durch die Hölle identifiziert sich daher der Pilger Dante mehr und mehr mit der Gerechtigkeit des göttlichen Urteils, sicher auch weil die bestraften

Sünden immer scheußlicher werden.[65] Am Ende weigert sich Dante sogar, das Versprechen zu erfüllen, das er Alberigo gegeben hatte, seine Augen vom Eis zu befreien. Um genau zu sein, sind seine Worte – «Se vuo' ch' i' ti sovvegna, / dimmi chi se'» («Wenn du um Hilfe bittest, / So sag mir, wer du warst»; *Inf.* XXXIII 115f.) – nicht wörtlich ein Versprechen, und der hinzugefügte Eid ist bewusst irreführend. Aber wenigstens versteht Alberigo, der nicht wissen kann, dass Dante sich auf dem Weg nach unten befindet, diese Worte als Versprechen, seine Qualen zu mildern. Dantes wortloses Weggehen von Alberigo, der einst seine Verwandten ermordete, die er zum Essen eingeladen hatte, ist in seinen Augen mehr als gerechtfertigt – «e cortesia fu lui esser villano» («Und höflich war es, an ihm grob zu handeln»; *Inf.* XXXIII 150).[66] Aber dieses Verhalten hat manchen Leser bestürzt. Der wohl berühmteste unter ihnen ist Schopenhauer, der diese Handlung die eines Schufts nennt. In § 229 des zweiten Bandes der *Parerga und Paralipomena* verurteilt Schopenhauer, der gut Italienisch konnte und in diesem Paragra-

65 Vgl. H. Friedrich, *Die Rechtsmetaphysik der Göttlichen Komödie. Francesca da Rimini*, Klostermann, Frankfurt 1942. Im Fegefeuer freilich ist Mitleid angebracht (vgl. *Purg.* XIII 52ff.). Der gelehrte Mediävist Kurt Flasch verfehlt die Intention Dantes des Dichters, wenn er angesichts des Verhaltens des Pilgers Dante schreibt: «Muß er [sc. Dante] dann nicht auch überzeugt sein, daß Francesca als *fleischliche Sünderin* (5, 38) zu Recht in der Hölle leidet? Er *müßte*, antworte ich, aber er macht von dieser Überzeugung hier keinen Gebrauch. ... nach Francescas Erzählung, verstummt der Theologe Dante gänzlich.» (*Einladung, Dante zu lesen*, S. Fischer, Frankfurt 2011, 15) Flasch, der kein Literaturwissenschaftler ist, unterscheidet nicht zwischen dem Pilger und dem Dichter-Theologen und übersieht, dass schon die spätere Entwicklung des Pilgers jenes frühere Verhalten als unreif erscheinen lässt. Freilich ist es durchaus legitim, sich gegen Dantes eigene Selbstinterpretation mit dessen früherem Selbst zu identifizieren – solange man sich darüber Rechenschaft abgibt, dass man hier eigene Wege geht.

66 Der vorzügliche Rechtsphilosoph und Rechtshistoriker J. Petersen hat die These vertreten, Dante der Dichter wolle die Selbstgerechtigkeit Dantes des Pilgers kritisieren, der in der Kältehölle selbst moralisch abgestumpft sei (*Dante Alighieris Gerechtigkeitssinn*, De Gruyter, Berlin, Boston 2011, 34ff.). So gerne ich mit ihm einverstanden wäre, so scheitert doch seine Interpretation m.E. an dem «fu» («war»): Damit ist die Perspektive Dantes des Dichters, nicht Dantes des Pilgers bezeichnet.

phen seine stete Liebe zu Petrarca bekennt,[67] das *Inferno* als eine Apotheose der Grausamkeit. Der Philosoph, der offenkundig den *Brief an Cangrande* nie gelesen hatte, glaubt sogar, dass der Titel des Werkes ironisch sei. Aber sosehr Schopenhauer die Rachephantasien verwirft, die nach ihm den jüdisch-christlichen Theismus charakterisieren und entwürdigen, erlaubt ihm doch sein Pessimismus, die *Commedia* als eine realistische Beschreibung der Wirklichkeit zu würdigen. In § 14 der *Preisschrift über die Grundlage der Moral* erklärt er, er beginne wie Dante seine Beschreibung mit der Hölle.

Goethes Weltanschauung ist optimistischer: Er erkennt die Hölle weder wie Schopenhauer in dieser Welt noch wie Dante in einem Jenseits an. Dennoch kann man argumentieren, dass es sein Werk ist, in dem der Teufel die größere Rolle spielt: Denn weder im *Purgatorio* noch im *Paradiso* begegnen wir Dämonen, während Mephistopheles Faust sein ganzes Leben lang begleitet. Viele Ereignisse des Dramas geschehen nur aufgrund von Mephistopheles' Eingriffen, auch wenn er am Ende seine Wette verliert (in seinen eigenen Augen wird er betrogen, eine Klage, die witzigerweise einen Gerechtigkeitsbegriff voraussetzt: V. 11829ff.). Aber vor seiner Niederlage durchdringt die infernale Welt die wirkliche, und gewisse Szenen wie «Hexenküche» und die «Walpurgisnacht» sind offenkundig Äquivalente des *Inferno*, da sie von monströsen Wesen bevölkert werden. Dennoch schafft es Goethe, auch lächerliche Figuren wie den «Autor» oder den «Proktophantasmisten» einzubeziehen – ganz zu schweigen vom «Walpurgisnachtstraum»-Intermezzo. Auf diese Weise entlastet er das Gefühl des Grauens, das seinen Höhepunkt dort erreicht, wo Faust Gretchens Hinrichtung vorwegnimmt (V. 4183ff.), und zwar in einer Weise, die bei Dante kein Äquivalent hat und ihn sicher abgestoßen hätte: Lachen ist unangemessen an jenem Orte, «ove udirai le disperate strida, / vedrai li antichi spiriti dolenti, / ch'a la seconda morte ciascun grida»

67 Die kulturelle Kluft zwischen Dante und Petrarca ist außerordentlich überraschend, wenn man bedenkt, dass sie nur durch eine Generation getrennt sind, so wie im Falle von Herodot und Thukydides oder Vergil und Ovid. Man denke nur an die *Epistola metrica ad Vergilium Maronem*, in der sich Petrarca Vergils Eintritt ins Paradies vorstellt.

(«Dort wirst du die Verzweiflungsschreie hören / Und sehn die alten schmerzenvollen Geister, / Die alle ihren zweiten Tod beklagen»; *Inf.* I 115ff.). Auch die «Klassische Walpurgisnacht» hat einige höllische Figuren wie die Lamien oder Empuse aufzuweisen, aber im Ganzen handelt es sich um einen Hymnus, der die Schönheit des antiken Polytheismus feiert. Was Dantes Reise am nächsten kommt, die ja während seines Lebens stattfindet, ist Fausts Abstieg zu den Müttern. Aber sein Aufenthalt dort wird nicht auf der Bühne dargestellt, ja nicht einmal später berichtet; nur vage nimmt Mephistopheles darauf Bezug. Denn während das *Inferno* zweifelsohne die menschliche Phantasie befriedigt, herrschen die Mütter in völliger Einsamkeit außerhalb von Raum und Zeit (V. 6212ff.).[68] «Nichts wirst du sehn in ewig leerer Ferne, / Den Schritt nicht hören, den du tust, / Nichts Festes finden, wo du ruhst.» (V. 6246ff.) Faust jedoch hofft, in diesem Nichts das All zu finden (V. 6256). Die Welt der Mütter ist ein Reich gefrorener Formen: «Entfliehe dem Entstandnen / In der Gebilde losgebundne Reiche!» (V. 6276f.) Der Mangel an Zeitlichkeit erinnert uns an das *Inferno* und das *Paradiso*, wo das Wesen einer Person zu seiner definitiven Gestalt geronnen ist (während das *Purgatorio* eine Entwicklung der Seelen kennt). Aber diese definitive Gestalt schließt keineswegs Bewegungen unterschiedlicher Art aus, wie etwa Ortsbewegungen und Aufwallungen von Leidenschaften.

68 Man denkt an den Beginn von Miltons Schilderung des leeren Raumes zwischen Hölle und Erde: «The secrets of the hoary deep, a dark / Illimitable Ocean without bound, / Without dimension, where length, breadth, and heighth, / and time and place are lost ...» (II 891ff.). Allerdings wird später «the noise / Of endless wars» erwähnt (II 896f.).

# Faust und der Pilger Dante

Fausts Abstieg zu den Müttern lässt ihn unverändert, und wir sehen nicht, wie ihn die letzte Szene formt, da er schweigend verharrt – wir können nur hoffen, dass es Gretchen gelingen wird, «ihn zu belehren» (V. 12092). Was für ein Gegensatz zum Pilger Dante, der von seiner Beatrice, die sich mit der Selbstsicherheit eines Admirals gebiert (*Purg.* XXX 58ff.), ausdrücklich getadelt wird (*Purg.* XXX 73ff.)! Es ist entscheidend, dass Dante selbst seine Sünden bekennen und seine Schuld anerkennen muss (*Purg.* XXXI 13ff.; 34ff.). Denn der Läuterungsberg ist nicht nur der Ort, wo sich die Toten durch Akte der Reue auf ihren Zugang zum Paradies vorbereiten – er ist auch der Ort, in dem die Haupthandlung erfolgt.[69] Im mittleren Teil verwandelt sich der Held des Epos, der in erster Person über sich selbst spricht, in grundlegender Weise. Der Pilger Dante unterzieht sich verschiedenen Reinigungsriten und empfindet Reue, während er im Inferno nur lernen musste, sich angesichts der gerechten Bestrafungen der Verworfenen abzuhärten, und er im Paradies lernen wird, die neuen Einsichten tiefer und tiefer zu erfassen. «Di penter sì mi punse ivi l'ortica, / che di tutte altre cose qual mi torse / piú nel suo amor, piú mi si fé nemica.» («Und so sehr brannten mich der Reue Nesseln, / Daß alles, was mich einst mit Liebe lockte, / Mir desto feindlicher erscheinen mußte»; *Purg.* XXXI 85ff.) Vom Anfang bis zum Ende des *Purgatorio* vollzieht Dante eine Vielfalt symbolischer Läuterungsakte, die teils mit den Sakramenten der Kirche verknüpft sind und in denen Engel eine wichtige Rolle spielen (siehe z.B. *Purg.* I 94ff.; IX 109ff.; XII 97ff.; XXIV 130ff.; XXVII 7ff.). Nachdem er im irdischen Paradies angekommen ist, weist Matelda auf die beiden Flüsse Letè und Eünoè und erklärt, dass der geläuterte Sünder von beiden trinken muss, um einerseits die Sünden, die er begangen hat, zu vergessen und andererseits sich an seine guten Taten zu erinnern (*Purg.* XXVIII 121ff.). Später wird Matelda Dante in beide Flüsse tauchen (*Purg.* XXXI 91ff.; XXXIII 112ff.), wobei diese Taufe seine Absolution symbolisiert.

69 Vgl. F. Fergusson, *Dante*, Macmillan, New York, London 1966, 129: «the development of the main action» .

Nun wird Lethe auch im *Faust* erwähnt.[70] Zu Beginn des zweiten Teiles fordert Ariel die Geister, die ihm dienen, dazu auf, Faust im Tau aus Lethe zu baden: «Erst senkt sein Haupt aufs kühle Polster nieder, / Dann badet ihn im Tau aus Lethes Flut» (V. 4628f.). Die Analogie ist auffallend – aber nicht weniger sind es die Unterschiede zur *Commedia*. Denn Dante hat einen langen Ritus der Reue durchschritten – Faust dagegen erwacht mit erneuerter Vitalität, und Gretchen ist vollständig vergessen. Gewiss hatte sich Faust am Ende des ersten Teils schuldig an ihrem Untergang gefühlt, Mitleid für sie empfunden und sich sogar gewünscht, nie geboren worden zu sein (V. 4596). Aber im zweiten Teil, vor ihrem Wiedererscheinen in der letzten Szene, wird Gretchen nur zweimal erwähnt. Einmal wird sie abschätzig mit Helena verglichen, die gerade auf der Bühne erschienen ist (V. 6495ff.). Das zweite Mal, nach dem Verschwinden Helenas, setzt Faust seine beiden Geliebten zu zwei verschiedenen Typen von Wolken in Beziehung, und hier wird wahre Zuneigung zu Gretchen sichtbar: «Wie Seelenschönheit steigert sich die holde Form, / Löst sich nicht auf, erhebt sich in den Äther hin / Und zieht das Beste meines Innern mit sich fort.» (V. 10064ff.) Man fühlt, dass Goethe, trotz seiner Sympathie für die katholische Sakramentenlehre,[71] keine sakramentalen Formen der Buße mehr zur Verfügung hatte. Viel beunruhigender ist jedoch die Tatsache, dass Faust nach seiner Wiederbelebung durch Ariel nicht wirklich sein Leben ändert. Bis zum Ende sündigt er, ja, seine schwerste Sünde – die gewalttätige Entfernung von Philemon und Baucis aus ihrer Hütte, die mit ihrem Tod endet, für den er eine gewisse Verantwortung trägt, auch wenn er ihn nicht gewollt hat – erfolgt sogar erst kurz vor seinem Tod. Während der Pilger Dante in seiner Reise durch das Jenseits moralische Fortschritte macht, bleibt Faust moralisch mehr oder we-

70 Ich muss offen lassen, ob Goethe hier von Dante beeinflusst ist oder ob diese Analogie auf Vergil als gemeinsame Quelle zurückgeht (*Aeneis* VI 714f.; im eschatologischen Mythos am Ende von Platons *Politeia* [621 a] ist «Lethe» der Name der *Ebene*, durch die der Fluss Ameles fließt). Bei Milton bleibt Lethe ein Höllenfluß, der zu totalem Vergessen führt (II 582ff.). Zur Szene siehe P. Michelsen, *Im Banne Fausts. Zwölf Faust-Studien*, Königshausen & Neumann, Würzburg 2000, 91–123: «Fausts Schlaf und Erwachen. Zur Eingangsszene von *Faust II* (‹Anmutige Gegend›)».

71 HA IX 288ff.

niger der gleiche.[72] Erst gegen Ende, nachdem er erblindet ist, findet sich eine gewisse moralische Wandlung in seinem Wunsch, auf die Magie Verzicht zu leisten (V. 11403ff.; 11433ff.; 11499f.), aber das «presse bei» von Vers 11554 belegt, dass er auch unmittelbar vor dem Tod nicht willens ist, auf Gewalt zu verzichten.

Gleichzeitig erfährt Faust eine der reichsten Entwicklungen, die je einer Figur der Weltliteratur zuteil geworden ist: Der erste Teil des Dramas bietet die Tragödie des Wissens und der Liebe, der zweite die der Politik und einer neuen Liebesform, nämlich zu einer künstlichen Welt.[73] Faust ist Universalgelehrter, Liebhaber, Staatsmann, Organisator eines höfischen Festes und daher in einem weiten Sinne des Wortes Künstler, schließlich Unternehmer. Verglichen mit ihm ist der Pilger Dante, der noch nicht durch den Schmerz der Verbannung geprägt war, eine relativ bescheidene Figur.[74] Umso verstörender, dass Fausts Beschäftigung mit so unterschiedlichen Aktivitäten

72 Der gänzliche Mangel an moralischer Vervollkommnung wird zu Recht von Santayana hervorgehoben. Aber seine Analyse des *Faust* ist der schwächste Teil seines Buches, wie schon A. O. Lovejoy in seiner Besprechung des Buches bemerkte (in: *Modern Language Notes* 26/8 [1911] 244–247).

73 Zu Faust als Künstler siehe K. Eibl, *Das monumentale Ich. Wege zu Goethes ‹Faust›*, Insel, Frankfurt a.M., Leipzig 2000, 168ff.

74 Das schließt keineswegs den größtmöglichen Stolz des Dichters Dante aus. Vgl. die berühmte Passage *Purg.* XXIX 105. *Par.* XXIX 70ff. beweist, dass Dante Anspruch auf philosophische Kompetenz erhebt und sogar Thomas widerspricht, wenn seine Argumente ihn nicht überzeugen, wie diejenigen in *Summa theologica* I q.58 a. 1: Nach Dante träumt man in theologischen Schulen, auch wenn man nicht schläft: «non dormendo, si sogna» («So phantasiert man ohne Schlaf»; *Par.* XXIX 82). Es kann nicht überraschen, dass der Pilger Dante seine eigene Buße auf dem Läuterungsberg nicht so sehr wegen des Lasters des Neides als vielmehr wegen desjenigen des Stolzes vorwegnimmt (*Purg.* XIII 133ff.). Damit beweist er in der Tat seinen eigenen Stolz. Denn wer würde nicht lieber Stolz als Neid bekennen? An seiner eigenen Unsterblichkeit als Dichter zweifelt Dante nicht eher (*Par.* XXV 1ff.) als an derjenigen Vergils (*Inf.* II 58ff.). Sein eigener Stolz hindert ihn jedoch nicht daran, stolze Christen zu warnen und sie an die Zwischenstellung des Menschen zwischen Wurm und Engel zu erinnern: «non v'accorgete voi che noi siam vermi / nati a formar l'angelica farfalla, / che vola a la giustizia sanza schermi?» («Habt ihr denn nicht erkannt: wir sind die Larven, / Nur für den Engels-Schmetterling geschaffen, / Der schutzlos auf zum ewigen Throne fleiget?»; *Purg.* X 124ff.).

nicht wirklich zu einer Verbesserung seines Charakters führt! Auch wenn dies ein Gemeinplatz ist, will ich doch den Verdacht äußern, dass in dieser Loskopplung der intellektuellen Entwicklung von der Suche nach spiritueller Läuterung etwas zutiefst Modernes am Werk ist. Und natürlich wirkt mit, dass Dante einen geistigen Zielpunkt seiner Reise anerkennt, während für Goethe kein Abschluss denkbar ist: Das Anhaltenwollen der Zeit gilt ihm als Rechtsgrund, dem Teufel zu verfallen (V. 1699ff.). Zwar kommen Dante und Faust darin überein, dass sie letztlich eine Vergöttlichung anstreben. Aber Dante erreicht sie, nach langer Vorbereitung, erst am Anfang des *Paradiso*, indem er auf Beatrice blickt:

> Nel suo aspetto tal dentro mi fei,
> qual si fe' Glauco nel gustar de l'erba,
> che 'l fe' consorto in mar de li altri Dei.
> Trasumanar significar *per verba*
> non si poria; però l'esemplo basti
> a cui esperienza grazia serba.
>
> Ich war von ihrem Anblick so verwandelt
> Wie Glaucus vom Genuß des Wunderkrautes,
> Als er Gefährte ward der Meeresgötter.
> Verklärung kann man nicht mit Worten sagen,
> Darum muß dem das Gleichnis schon genügen,
> Dem Gnade das Erleben vorbehalten. (*Par.* I 67ff.)

Faust hingegen fragt sich schon zu Beginn «Bin ich ein Gott?» (V. 439), nennt sich «Ebenbild der Gottheit» (V. 516, 614), «mehr als Cherub» (V. 618), und auch wenn er die Erfahrung macht «Den Göttern gleich' ich nicht» (V. 652), ist diese nicht heilsam, sondern bewirkt sogar den Entschluss zum Selbstmord, von dem er sich, statt der traditionell in Aussicht gestellten Verdammnis, das Gewinnen neuer Ufer, ja, Götterwonne und Götterhöhe verspricht (V. 701, 706, 713). Mephistopheles wird während Fausts Verliebtheit in Gretchen, deren Hand Faust «göttergleich» erschien (V. 2707), sarkastisch den Übergang von Fausts Sich-Aufschwellen «zu einer Gottheit» (V. 3285) zu den Masturbationen machen, die die Liebesintuition abschließen (V. 3291ff.). Die Fallhöhe von der Renaissancedeutung des Menschen als Vollendung der Schöpfung könnte schwerlich größer sein.

In absolutem Gegensatz zu Dante, dem Pilger wie dem Dichter, ist Faust selbst skeptisch hinsichtlich der konkreten Gestalt des Jenseits, und zwar vom Anfang bis zum Ende: Mit «Das Drüben kann mich wenig kümmern» (V. 1660) erklärt er seine Nonchalance gegenüber dem Pakt mit Mephistopheles, und noch kurz vor seinem Tod bekennt er: «Nach drüben ist die Aussicht uns verrannt; / Tor, wer dorthin die Augen blinzelnd richtet, / Sich über Wolken seinesgleichen dichtet!» (V. 11442ff.) Da Dantes Weltanschauung, wie die des mittelalterlichen Katholizismus, subtile metaphysische Reflexionen mit dem Volksglauben, etwa an das Wirken der Gebete, verbindet (*Purg.* VI 28ff.; *Par.* XX 94ff.), lebt er die Religion seiner Zeitgenossen und nimmt an deren sakramentalen Riten teil, die für ihn selbstverständliche Geltung besitzen. Faust dagegen, der Züge Paracelsus' und Agrippas von Nettesheim, des Pansophen und des Skeptikers aufweist, ist naive Religiosität, anders als philosophische, fremd; er beobachtet die Volksreligion zwar mit Sympathie, aber doch von außen. Seiner Erklärung, er ehre die heiligen Sakramente, fügt Gretchen hinzu: «Doch ohne Verlangen.» (V. 3424) Proto-Feuerbachisch erklärt Faust beim Osterspaziergang den Glauben an die Auferstehung mit der Überwindung des Winters: «Sie feiern die Auferstehung des Herrn, / Denn sie sind selber auferstanden» (V. 921f.). Gleichzeitig ist Faust, ganz wie sein Dichter, fasziniert von der Gläubigkeit des Volkes, die ihm selber abgeht.

Gewiss ist seine Begierde nach Gretchen anfangs sexueller Natur (2636ff., 2667), da durch den Hexentrank vermittelt (2577ff.). Aber schon bei dem Besuch ihres Zimmers wird der physiologische Drang sublimiert: «Mich drang's, so grade zu genießen, / Und fühle mich in Liebestraum zerfließen!» (2722f.) Nicht nur ist die innere Kohärenz ihres Lebens demjenigen eines Wagner überlegen; Faust ist von Gretchen fasziniert, weil er genau weiß, dass ihr innerer moralischer Kompass ihr eine Würde verleiht, die ihm selbst abgeht und die um so größer ist, als sie sich ihrer gar nicht bewusst ist: «Ach, daß die Einfalt, daß die Unschuld nie / Sich selbst und ihren heil'gen Wert erkennt.» (V. 3102f.) Gerade weil er den hohen sittlichen Wert Gretchens empfindet, wird freilich seine Leidenschaft noch größer; und wenn *ein* Begriff des Tragischen darin besteht, dass der Untergang des Helden gerade durch seine Tugenden herbeigeführt wird, so kann man Gretchens Fall als tragisch par excellence bezeichnen.

Fausts Sehnsucht nach Gretchen hat, wie jede starke erotische Leidenschaft, damit zu tun, dass der begehrte Mensch das unbefangen lebt, was dem Liebenden selbst versagt ist. Diese Erotik wird von moralistischer Kritik an der Willensschwäche der fleischlich Begehrenden (wie sie sich etwa *Inf.* V 37ff. oder *Purg.* XXX 127ff. findet) nicht ausreichend erfasst, weil diese übersieht, dass die sexuelle Befriedigung nur der letzte Ausdruck eines Wunsches nach seelischer Komplementarität ist. Dantes Beatrice ist nicht das Abbild eines realen Menschen, sondern Projektion, und zwar in einer Weise, in der es auch die Aristokratin Helena nicht ist; aber Faust und sein Dichter sind in das Wesen der kleinbürgerlichen Katholikin Gretchen wirklich eingedrungen, und dieses Eindringen lässt sich mit Intelligenz alleine, ohne eine Form wirklicher Liebe, nicht erreichen. Fausts Verzweiflung, er, «der Unmensch ohne Zweck und Ruh'» (V. 3349), «der Gottverhaßte» (V. 3356), habe Gretchens Frieden untergraben und ihre kleine Welt in Trümmer geschlagen, ist zweifellos aufrichtig. Im Religionsgespräch in Marthas Garten entwickelt Faust einen Gottesbegriff, der spinozistisch angehaucht ist; aber Gretchen lässt sich nicht täuschen – auch wenn der Pfarrer ähnlich rede, habe Faust kein Christentum (V. 3468). Sie durchschaut Mephistopheles, als dessen Wesen sie Lieblosigkeit erfasst (V. 3488ff.). Freilich steigert gerade ihr moralischer Instinkt Fausts Begierde ins Maßlose, und sie akzeptiert, um Faust nachts bei sich zu haben, ohne die Mutter zu wecken, von ihm das verhängnisvolle Fläschchen, das jene töten wird.

Dante dagegen ist deswegen nicht von naiver Religiosität erotisch angezogen, weil sie ihm nicht fehlt; die Verabsolutierung des Erotischen ist wohl nur dort möglich, wo die Liebe zu Gott sich nicht mehr von selbst versteht. Dantes Beatrice ist das Gegenteil eines naiven Mädchens; sie ist die Verschmelzung einer von ferne verehrten Jugendliebe mit der biblischen Figur der Weisheit und der personifizierten Philosophie und Theologie.[75] Vor ihren komplexen astronomischen Ausführungen warnt der Dichter den Leser,

75 Literarische Gestalten weiblicher Lehrerinnen der Philosophie spielen von Diotima in Platons «Symposion» an eine wichtige Rolle; ihre Bedeutung nimmt in der Spätantike durch den christlichen Einfluss zu. Siehe Vittorio Hösle, *Der philosophische Dialog*, C.B. Beck, München 2006, 378–388.

er werde vielleicht nicht mehr folgen können: «non vi mettete in pelago, ché, forse, / perdendo me, rimarreste smarriti. / L'acqua ch'io prendo già mai non si corse.» («Treibt nicht aufs Meer hinaus, ihr könntet draußen, / Indem ihr mich verliert, verlorengehen. / Das Wasser, das mich trägt, ward nie befahren»; *Par.* II 5ff.) Vielleicht kann man aber in diesem Punkt Dante für den fortschrittlicheren halten, denn nach ihm kann die ideale Frau eine Intellektuelle sein, während weder Gretchen noch auch Helena bei Goethe durch argumentative Gaben auffallen. Während Gretchen nicht begreift, was Faust an ihr findet (V. 3216), und ihre Beziehung durchaus asymmetrisch ist, besteht die Asymmetrie im Falle Dantes und Beatrices in der anderen Richtung, doch Ziel des *Paradiso* ist es, diese Asymmetrie aufzuheben und Dante an Beatrices Einsichten teilhaben zu lassen. Diese Konzeption ist vorzuziehen, obgleich der Preis, den Dante zahlt, die weitgehende Verwandlung seiner wichtigsten weiblichen Gestalt in eine Allegorie ist.

Vielleicht ist die Schilderung der traulichen ehelichen Liebe Adams und Evas (die schon vor dem Fall den Geschlechtsverkehr einschließt) der einzige Aspekt von *Paradise Lost*, in dem Milton den beiden anderen Dichtern überlegen ist. Sicher betont auch Milton, den Grenzen seiner Zeit entsprechend, ständig die Überlegenheit des Mannes. Und dennoch herrscht in der Ehe Adams und Evas eine größere Gleichheit zwischen den Partnern als im *Faust* und in der *Commedia*, denn Adam ist kein Genie und Beatrice keine Allegorie. Weder ist Miltons Erotik zerstörerisch wie bei Goethe noch ins Metaphysische sublimiert wie bei Dante. Milton schätzt die Schönheit der Welt hoch ein, doch betont Adam, dass sie nur in Gesellschaft genossen werden kann (IV 650ff., VIII 364ff.) – worauf ihm Gott die spöttische Frage stellt, ob er selber denn aufgrund seiner Einzigartigkeit nicht in höchstem Maße glücklich sei (VIII 399ff.). Zwar antwortet Adam zu Gottes Zufriedenheit, duale Intersubjektivität sei nur etwas für endliche Geister (Raphael wird ihm bestätigen: einschließlich der Engel, VIII 614ff.), aber man ist versucht, Milton dahingehend weiterzudenken, der letzte Sinn der Schöpfung sei es, Intersubjektivität zu ermöglichen.

Wie auch immer Milton selber Adams bewussten Entschluss gewertet hat, Evas Verletzung des göttlichen Verbotes nachzufolgen, obgleich dies auch für ihn den Tod bedeutet, der heutige Leser kann nicht umhin, Adam für die Sätze «for with thee / Certain my resolution is to Die» (IX 906f.) sowie «to lose thee were to lose myself» (IX 959) zu bewundern. Eva übertreibt zwar, wenn sie im Sinne des schon erwähnten Theodizeeargumentes den Sinn ihrer Sünde darin sieht, dass diese Adam die Möglichkeit gegeben hat, die Unbedingtheit seiner Liebe zu erweisen (IX 961ff.); wenigstens darin sündigt sie, dass sie Gutes aus Gutem – nämlich der schmackhaften Frucht – statt aus Bösem – dem Fall – hervorgehen sieht. Aber sosehr auch der Fall die Beziehung beider vorübergehend vergiftet (IX 1121ff.), endet doch das Werk mit der versöhnlichen Note, dass sie «hand in hand» das Paradies verlassen (XII 648).

Der erste Unterschied zwischen den beiden Werken, der uns ins Auge fiel, ist selbstredend, dass *Faust* ein Drama ist, wenn auch von sehr ungewöhnlichen Dimensionen, und die *Commedia* nicht. Das hat mir der Tatsache zu tun, dass Faust allererst ein Handelnder ist – er möchte sogar *Joh.* 1, 1 mit «Im Anfang war die Tat!» übersetzen (V. 1237). H. Rickert hat Recht, wenn er hervorhebt: «Wir brauchen das Faustdrama nur von Anfang bis zu Ende als das ‹Hohe Lied› der Tätigkeit in den verschiedensten Arten des Lebens aufzufassen ... dann wird der Zusammenhang des Ganzen auch weltanschaulich klar».[76] Der Pilger Dante ist andererseits hauptsächlich ein Betrachter der Konsequenzen des Handelns anderer. Rachel, Symbol des kontemplativen Lebens, ist Lia, dem Symbol des aktiven Lebens, überlegen (*Purg.* XXVII 100f.; *Par.* XXXII 7f.). Dantes Reise bezweckt, die vorherbestimmte moralische Ordnung der Welt zu begreifen. Faust dagegen will die Welt umgestalten. Seine letzte Vision beabsichtigt eine Umformung der Welt, und auf dieses menschengemachte Universum wird der Terminus «paradiesisch» angewandt:

Im Innern hier ein paradiesisch Land,
Da rase draußen Flut bis auf zum Rand,
Und wie sie nascht, gewaltsam einzuschießen,
Gemeindrang eilt, die Lücke zu verschließen. (V. 11569ff.)

76 H. Rickert: *Goethes Faust. Die dramatische Einheit der Dichtung*, Mohr, Tübingen 1932, 522.

Dantes Paradies dagegen kann nicht durch menschliche Handlungen herbeigeführt werden. Aber der Zugang zu ihm setzt einen moralischen Wandel voraus, den Faust, all seinen Aktivitäten zum Trotz, unwillig oder unfähig ist in die Wege zu leiten.

Auch wenn nur der *Faust* ein Drama ist, gehört doch die *Commedia* zu den umfangreichsten Texten, die Gespräche zwischen Personen darstellen: In diesem Sinne ist sie, wie schon gesagt, nicht weniger dramatisch als der *Faust*. Ja, man kann sogar argumentieren, dass die *Commedia* eine intersubjektive Dichte hat, die der *Faust* vermissen lässt. Inwiefern? Ich meine nicht die Tatsache, dass in der *Commedia* noch mehr Charaktere auftreten als im *Faust* – denn sie tun das nur sehr kurz, da Dante (so wie Faust in den Walpurgisnächten) an ihnen vorbeischreitet. Dante allein ist in allen drei Cantiche präsent. Im *Faust* dagegen gibt es Charaktere, die sich über viele Szenen entfalten, ja, sogar in beiden Teilen auftreten. Und doch ist Faust wesentlich ein einsamer Mensch, der seinen Schüler Wagner verachtet, in seinen beiden Liebesbeziehungen scheitert und Mephistopheles mehr oder weniger ausgeliefert ist, der zwar sein gehorsamer Gefährte zu sein scheint, aber dessen Absicht, ihn zu Fall zu bringen, beiden Parteien wohl bekannt ist: «Mir geht es wie der Katze mit der Maus.» (V. 322) Faust hat keinen einzigen Freund. Dante dagegen ist nur zu Beginn des Epos allein. Mit dem Erscheinen Vergils wird er ständig von einer Person beschützt, deren Weisheit und moralische Integrität seiner Größe als Dichter nicht nachstehen. Zu dem Zeitpunkt, zu dem Vergil gegen Ende des *Purgatorio* Dante schließlich verlässt, kann er sich darauf verlassen, dass sein Schüler inzwischen eine Reife und Autonomie gewonnen hat, die er gut verwenden wird:

> Non aspettar mio dir piú né mio cenno;
> libero, dritto e sano è tuo arbitrio,
> e fallo fora non fare a suo senno:
> per ch'io te sovra te corono e mitrio.
>
> Erwarte von mir nicht mehr Wort und Zeichen.
> Frei, grade und gesund ist nun dein Wille,
> Und Sünde wäre es, wenn du ihm nicht folgtest.
> Drum krön ich dich zu deinem eignen Herren. (*Purg.* XXVII 139ff.)

Als Dante entdeckt, dass Vergil ihn wirklich allein gelassen hat, fühlt er sich ganz wie ein Kind, das nach seiner Mutter sucht (*Purg.*

XXX 40ff.). Doch eine neue mütterliche Figur wird Vergil ersetzen, Beatrice.[77] Das *Paradiso* wird schließlich eine Fülle an idealen Formen von Intersubjektivität bieten, verglichen mit denen die Szene «Bergschluchten» geradezu arm ist. Sicher ist dieser Unterschied zwischen beiden Werken darin begründet, dass für Dante, anders als für Goethe, das Weiterexistieren der Toten eine Selbstverständlichkeit ist. Die Einsamkeit, die das Schicksal jedes herausragenden und selbstmaßstäblichen Geistes ist, wird gemildert, wenn wenigstens zu den ebenbürtigen Geistern der Vergangenheit eine emotional intensive, gefühlt reale Beziehung aufgebaut wird. Dante versteht sich als Teil einer Glaubensgemeinschaft sowie einer langen dichterischen und intellektuellen Tradition, und das kompensiert die Erfahrung, in der Gegenwart Außenseiter zu sein, die Faust quält (V. 2296, 2387, 9752).

Die neuzeitliche Wende zum Subjekt hat neue Formen von Kreativität ermöglicht, aber um den Preis einer abgrundtiefen Vereinzelung, die der vorcartesischen Welt noch fremd war. Immerhin hat zwar nicht Faust, aber doch Goethe die Bedeutung intersubjektiver Beziehungen für sich erkannt, und zwar in seinem vielleicht herzzerreißendsten Gedicht, der «Zueignung» zu Beginn der Tragödie, dem einzigen Ort, an dem Goethe selber spricht. Doch deren Stimmung ist elegisch – die Gegenstände der ersten «Lieb' und Freundschaft» (V. 12) sind «hinweggeschwunden» (V. 16); es handelt sich um «schwankende Gestalten» (V. 1), um «liebe Schatten» (V. 10), und wenn einige der frühen Freunde, die alle namenlos bleiben, noch leben, irren sie «in der Welt zerstreuet» (V. 24). Goethes Verlegenheit angesichts seines Erfolgs bei der unbekannten Menge (V. 21) – die in Fausts Worten «Der Menge Beifall tönt mir nun wie Hohn» (V. 1030) widerklingt – kann die Verzweiflung über den Verlust jenes jugendlichen Schaffens für die Freunde und mit den Freunden nur verschärfen. Und doch ist die Sehnsucht nach jener Gemeinschaft (V. 25), der bei Faust das Sehnen nach der Jugend muntren Spielen entspricht, das ebenfalls von Tränen begleitet ist (V. 777, 784) und ihn vor dem Selbstmord bewahrt (V. 775ff.), letztlich die Kraft, die Goethe zu seinem Drama inspiriert, das das Ver-

77 Vgl. G. P. Cestaro, *Dante and the Grammar of the Nursing Body*, Notre Dame University Press, Notre Dame 2003, 144ff.

schwundene zu idealen Wirklichkeiten gestaltet (V. 32). Aber hier ist es der kompensatorische Akt des Dichters, nicht mehr die göttliche Ordnung, die das Vergängliche seinem Schicksal entreißt. Gewiss weiß auch Dante um die Macht seiner Dichtung, aber er versteht sich nicht als Schöpfer, sondern als Schreiber (*Par.* X 27).

Doch eine Figur ist den Paradiesvorstellungen beider Dichter gemeinsam: Maria, die auch Milton zu Beginn seines neunten Buchs um Inspiration bittet (IX 20ff, 47). Trotz seines Protestantismus lässt Goethe den Doctor Marianus Maria, Jungfrau und Mutter, als «Göttern ebenbürtig» preisen (V. 12012), als «Jungfrau, Mutter, Königin, / Göttin» (V. 12103f.), während Dante seinen Bernhard zur «Vergine Madre, figlia del tuo figlio» («Jungfrau und Mutter, Tochter deines Sohnes») beten lässt (Par. XXXIII 1). In beiden Fällen steht Maria für ein Prinzip der Gnade, das den Menschen auf seinem Wege zur Erlösung unterstützen muss. Maria hat mittels Lucia Beatrice bewegt, Dante Vergil zu schicken (*Inf.* II 52ff.), und Lucia wird Dante auf seinem Wege auf dem Läuterungsberge helfen (*Purg.* IX 52ff.). Wir sehen keine vergleichbaren Eingriffe heiliger Frauen im *Faust*, aber in der letzten Szene wird das Zusammenwirken autonomer Anstrengungen und der Liebe von oben, wie sie durch Gretchen manifestiert wird, zur Bedingung der Rettung erklärt (V. 11934ff.) – nicht sehr viel anders, als (*Purg.* XXXI 133ff.) Beatrice gnädig auf die vielen Schritte Dantes zu ihr hin reagiert. Die Engel in der Szene «Grablegung» singen: «Liebe nur Liebende / Führet herein!» (V. 11751f.); in der letzten Szene finden sich das Wort «Liebe» und seine Zusammensetzungen fünfzehn Mal.[78] Ganz ähnlich endet Dantes *Commedia*, indem sie in berühmten Worten «l'amor che move il sole e l'altre stelle» («die Liebe, die beweget Sonn' und Sterne») preist (*Par.* XXXIII 146). Sosehr die zwei Helden und ihre Wertsysteme sich unterscheiden, die zwei größten enzyklopädischen Dichtungen der Menschheit haben ein gemeinsames erzeugendes Prinzip: die Liebe. Das ist ein Hinweis auf die Tatsache, dass es sich dabei um die zentrale Idee des Christentums handelt, die sich trotz all seiner Transformationen durchgehalten hat. Nicht weniger ist beiden Dichtungen die Ausgestaltung

78 V. 11853, 11855, 11865, 11872, 11876, 11882, 11902, 11924, 11938, 11943, 11950, 11964, 12003, 12037, 12073.

dieser Idee zu einem System gemeinsam, das auch in der natürlichen Welt eine Manifestation höchster Werte erkennt – einem System, das zur Tradition des objektiven Idealismus gehört. Es ist diese geheimnisvolle Beziehung zwischen Wert als letztem Grund und der Welt der Tatsachen, die Santayanas dualistische Philosophie nicht zu begreifen vermag, die aber die zwei größten philosophischen Dichtungen der Menschheit inspiriert hat.

**Schwabe** reflexe

reflexe 1
Eduard Kaeser
Pop Science. Essays zur Wissenschaftskultur
2009. 179 Seiten.
ISBN Printausgabe 978-3-7965-2607-7
ISBN Printausgabe 978-3-7965-2647-3

reflexe 2
Carl J. Burckhardt
Erinnerungen an Rilke und Hofmannsthal
2009. 93 Seiten. ISBN 978-3-7965-2608-4

reflexe 3
Heinrich Wölfflin
Renaissance und Barock
Eine Untersuchung über Wesen und
Entstehung des Barockstils in Italien
Mit 18 Abbildungen und 16 Tafeln
2009. 170 Seiten. ISBN 978-3-7965-2609-1

reflexe 4
Paracelsus
Werke. Studienausgabe in fünf Bänden
Besorgt von Will-Erich Peuckert
2010. LVI, 2450 Seiten. Broschiert im Schuber
ISBN 978-3-7965-2610-7

reflexe 5
Wolfgang Rother
Verbrechen, Folter, Todesstrafe
Philosophische Argumente der Aufklärung
Mit einem Geleitwort von Carla Del Ponte
2010. 141 Seiten. ISBN 978-3-7965-2661-9

reflexe 6
Martin Buber
Recht und Unrecht
Deutung einiger Psalmen
Mit einer Nachbemerkung und Anmerkungen
sowie einem Nachwort von Thomas Reichert
2010. 87 Seiten. ISBN 978-3-7965-2662-6

**Schwabe** reflexe

reflexe 7
Annemarie Pieper
**«Ein Seil, geknüpft zwischen Thier und Übermensch»**
Philosophische Erläuterungen zu Nietzsches
*Also sprach Zarathustra* von 1883
2010. 415 Seiten. ISBN 978-3-7965-2682-4

reflexe 8
Wolfgang Rother
**Lust**
Perspektiven von Platon bis Freud
2010. 152 Seiten. ISBN 978-3-7965-2691-6

reflexe 9
Johann Heinrich Füssli
**Aphorismen über die Kunst**
Übersetzt und herausgegeben von Eudo C. Mason
Mit einem Nachwort zur Neuausgabe von Matthias Vogel
2012. 199 Seiten, 9 Abbildungen. ISBN 978-3-7965-2692-3

reflexe 10
Christian Morgenstern / Max Knight
**Galgenlieder und andere Gedichte /**
**Gallows Songs and Other Poems**
Ausgewählt, übertragen und mit einem Nachwort von Max Knight
Herausgegeben sowie mit einem Nachnachwort versehen von Niklaus Peter
2010. 194 Seiten. Mit 5 Abbildungen. ISBN 978-3-7965-2693-0

reflexe 11
Ludger Lütkehaus
**Die Heimholung**
Nietzsches Jahre im Wahn. Eine Erzählung
2011. 120 Seiten. ISBN 978-3-7965-2728-9

reflexe 12
José Antonio Marina
**Die Passion der Macht**
Theorie und Praxis der Herrschaft
Aus dem Spanischen von Gerd Lamsfuß-Buschmann
Mit einem Nachwort von Martin Stingelin
2011. 189 Seiten. ISBN 978-3-7965-2739-5

Schwabe reflexe

reflexe 13
Johannes Hohlenberg
**Søren Kierkegaard**
Eine Biographie
Aus dem Dänischen übersetzt von Maria Bachmann-Isler
Herausgegeben von Theodor Wilhelm Bätscher
Mit einem Nachwort von Annemarie Pieper
2011. 465 Seiten. ISBN 978-3-7965-2740-1

reflexe 14
Karl Jaspers
**Die Chiffern der Transzendenz**
Mit zwei Nachworten herausgegeben
von Anton Hügli und Hans Saner
2011. 143 Seiten. ISBN 978-3-7965-2767-8

reflexe 15
Arnold Künzli
**Tradition und Revolution**
Plädoyer für einen nachmarxistischen Sozialismus
Mit einem Nachwort von Ueli Mäder
2011. 202 Seiten. ISBN 978-3-7965-2768-5

reflexe 16
Ludger Lütkehaus
**Das Schlimmste kommt zuletzt**
Philosophische Bonsais
2011. 116 Seiten. ISBN 978-3-7965-2769-2

reflexe 17
Jürg Berthold
**Stimmen**
Aus dem beschädigten Selbstverständnis der Philosophie
2011. 143 Seiten. ISBN 978-3-7965-2770-8

reflexe 18
Emil Angehrn
**Geschichtsphilosophie**
Eine Einführung
2012. 200 Seiten. ISBN 978-3-7965-2825-5

**Schwabe** reflexe

reflexe 19
Karl Pestalozzi
**Bergschluchten**
Die Schluss-Szene von Goethes Faust
2012. 173 Seiten. ISBN 978-3-7965-2814-9

reflexe 20
Rolf Wiggershaus
**Wittgenstein und Adorno**
Zwei Spielarten modernen Philosophierens
2012. 148 Seiten. ISBN 978-3-7965-2819-4

reflexe 21
Thomas Weibel
**Takeaway**
100 × 100 Sekunden Wissen
2012. 144 Seiten. 22 Grafiken.
ISBN Printausgabe 978-3-7965-2842-2
ISBN eBook (PDF) 978-3-7965-2886-6

reflexe 22
Barbara Handwerker Küchenhoff,
Doris Lier (Hrsg.)
**Stadt der Seelenkunde**
Psychoanalyse in Zürich
2012. 162 Seiten. ISBN 978-3-7965-2843-9

reflexe 23
Barbara Naumann
**Bilderdämmerung**
Bildkritik im Roman
2012. 164 Seiten, 23 Abbildungen, davon 14 in Farbe.
ISBN 978-3-7965-2861-3

reflexe 24
Eduard Kaeser
**Multikulturalismus revisited**
Ein philosophischer Essay
2012. 137 Seiten.
ISBN Printausgabe 978-3-7965-2873-6
ISBN eBook (PDF) 978-3-7965-2885-9

**Schwabe** reflexe

reflexe 25
Martin R. von Ostheim
Selbsterlösung durch Erkenntnis
Die Gnosis im 2. Jahrhundert n. Chr.
2013. 98 Seiten.
ISBN Printausgabe 978-3-7965-2894-1
ISBN eBook (PDF) 978-3-7965-2925-2

reflexe 26
Nora Eckert
Wegschauen geht nicht
Georg Büchner auf den Bühnen des 20. Jahrhunderts
2013. 148 Seiten.
ISBN Printausgabe 978-3-7965-2897-2
ISBN eBook (PDF) 978-3-7965-2927-6

reflexe 27
Daniel Hell
Krankheit als seelische Herausforderung
2013. Ca. 220 Seiten.
ISBN Printausgabe 978-3-7965-2896-5
ISBN eBook (PDF) 978-3-7965-2919-1

reflexe 28
Vittorio Hösle
Zur Geschichte der Ästhetik und Poetik
2013. 102 Seiten.
ISBN Printausgabe 978-3-7965-2921-4
ISBN eBook (PDF) 978-3-7965-2922-1

reflexe 29
Rüdiger Görner
Hörgedanken
Musikliterarische Bagatellen und Etüden
2013. 135 Seiten.
ISBN Printausgabe 978-3-7965-2929-0
ISBN eBook (PDF) 978-3-7965-2930-6

**Schwabe** reflexe

reflexe 30
Alexander Honold
**Die Zeit schreiben**
Jahreszeiten, Uhren und Kalender
als Taktgeber der Literatur
2013. 293 Seiten.
ISBN Printausgabe 978-3-7965-3193-4
ISBN eBook (PDF) 978-3-7965-3241-2

reflexe 31
Jean-Claude Wolf
**François Fénelon**
Gedanken zu reinen Gottesliebe
2014. Ca. 670 Seiten.
ISBN Printausgabe 978-3-7965-3242-9
ISBN eBook (PDF) 978-3-7965-3256-6

reflexe 32
Jean-Michel Wissmer
**Heidi**
Ein Schweizer Mythos erobert die Welt
2014. 168 Seiten. 10 Abbildungen.
ISBN Printausgabe 978-3-7965-3247-4
ISBN eBook (epub) 978-3-7965-3248-1

reflexe 33
Rolf Hochhuth
**Invasionen**
Zur Ethologie der Geschichte
Mit einem Nachwort von Johannes Rohbeck
2014. 231 Seiten. 1 Abbildung.
ISBN Printausgabe 978-3-7965-3253-5
ISBN eBook (PDF) 978-3-7965-3254-2

reflexe 34
Christoph Riedweg
**Nach der Postmoderne**
Aktuelle Debatten zu Kunst, Philosophie und Gesellschaft
2014. 311 Seiten. 72 Abbildungen.
ISBN 978-3-7965-3250-4

**Schwabe** reflexe

reflexe 35
Vittorio Hösle
Dantes *Commedia* und Goethes *Faust*
Ein Vergleich der beiden wichtigsten philosophischen Dichtungen Europas
2014. 76 Seiten.
ISBN Printausgabe 978-3-7965-3318-1
ISBN eBook (PDF) 978-3-7965-3319-8

reflexe 37
Martin Bondeli
Reinhold und Schopenhauer
Zwei Denkwelten im Banne von Vorstellung und Wille
2014. Ca. 132 Seiten.
ISBN Printausgabe 978-3-7965-3326-6
ISBN eBook (PDF) 978-3-7965-3327-3

reflexe 38
Maurizio Ferraris
Die Seele – ein iPad?
2014. Ca. 180 Seiten.
ISBN Printausgabe 978-3-7965-3333-4
ISBN eBook (PDF) 978-3-7965-3334-1

reflexe 39
Annemarie Pieper
Nachgedacht
Philosophische Streifzüge durch unseren Alltag
2014. Ca. 500 Seiten.
ISBN Printausgabe 978-3-7965-3358-7
ISBN eBook (PDF) 978-3-7965-3359-4

Das Signet des 1488 gegründeten
Druck- und Verlagshauses Schwabe
reicht zurück in die Anfänge der
Buchdruckerkunst und stammt aus
dem Umkreis von Hans Holbein.
Es ist die Druckermarke der Petri;
sie illustriert die Bibelstelle
Jeremia 23,29: «Ist nicht mein Wort
wie Feuer, spricht der Herr,
und wie ein Hammer, der Felsen
zerschmettert?»